essentials

essentials liefern aktuelles Wissen in konzentrierter Form. Die Essenz dessen, worauf es als „State-of-the-Art" in der gegenwärtigen Fachdiskussion oder in der Praxis ankommt. *essentials* informieren schnell, unkompliziert und verständlich

- als Einführung in ein aktuelles Thema aus Ihrem Fachgebiet
- als Einstieg in ein für Sie noch unbekanntes Themenfeld
- als Einblick, um zum Thema mitreden zu können

Die Bücher in elektronischer und gedruckter Form bringen das Expertenwissen von Springer-Fachautoren kompakt zur Darstellung. Sie sind besonders für die Nutzung als eBook auf Tablet-PCs, eBook-Readern und Smartphones geeignet. *essentials:* Wissensbausteine aus den Wirtschafts-, Sozial- und Geisteswissenschaften, aus Technik und Naturwissenschaften sowie aus Medizin, Psychologie und Gesundheitsberufen. Von renommierten Autoren aller Springer-Verlagsmarken.

Weitere Bände in der Reihe http://www.springer.com/series/13088

Alexander Marinos

Der ideale Stellvertreter

Eine empirisch begründete
Handreichung für alle Anhänger
moderner Führung

 Springer VS

Alexander Marinos
Wülfrath, Deutschland

ISSN 2197-6708　　　　ISSN 2197-6716　(electronic)
essentials
ISBN 978-3-658-30695-3　　ISBN 978-3-658-30696-0　(eBook)
https://doi.org/10.1007/978-3-658-30696-0

Die Deutsche Nationalbibliothek verzeichnet diese Publikation in der Deutschen Nationalbibliografie; detaillierte bibliografische Daten sind im Internet über http://dnb.d-nb.de abrufbar.

Planung/Lektorat: Barbara Emig-Roller
Springer VS ist ein Imprint der eingetragenen Gesellschaft Springer Fachmedien Wiesbaden GmbH und ist ein Teil von Springer Nature.
Die Anschrift der Gesellschaft ist: Abraham-Lincoln-Str. 46, 65189 Wiesbaden, Germany

- Einen neuen, frischen Blick auf das Thema Stellvertretung
- Eine Analyse, unter welchen Bedingungen Stellvertretung Lust macht oder Frust erzeugt
- Einen aktuellen Befund, wie gut oder schlecht Stellvertretung heute tatsächlich funktioniert
- Eine Einordnung des Konzeptes „laterale Führung" im Lichte andauernder Change-Prozesse
- Viele fundierte Empfehlungen, wie aus einem Stellvertreter ein „idealer Stellvertreter" wird

Vorwort

An wen wenden Sie sich, wenn Sie eine Entscheidung brauchen? An Schmidt oder an Schmidtchen?

„Es ist besser beym Schmid, dann beym Schmidlin zu beschlagen", heißt es schon 1541 bei Sebastian Franck in seiner riesigen Sammlung „Sprichwörter/ Schöne/Weise/Herrliche Clugreden und Hoffsprüch" (1541, S. 154). Der, der etwas zu sagen hat, der entscheiden darf: Das ist Schmid. Der andere: sein Assistent, vielleicht sogar sein Stellvertreter, der Vize-Chef. Man kann es drehen und wenden, wie man will: Der Zweite ist der Zweite ist der Zweite, auch wenn er der Erste und Beste unter allen Zweiten sein mag. Wieviel „Chefsein" steckt in dieser Position, wieviel Lust und wieviel Frust? Und was könnte man im Idealfall alles aus der *Schmidchen-Rolle* machen?

Um von Anfang an nicht missverstanden zu werden: Ich bin seit rund zehn Jahren einer dieser Zweiten. Ich bin stellvertretender Chefredakteur einer der größten regionalen Tageszeitungen Deutschlands. Da steckt eine Menge „Chefsein" drin, auch weil ich mit meinem Chefredakteur eine klare Aufgabenteilung vereinbart habe und im Rahmen dieser mir zugewiesenen Aufgaben einen großen Entscheidungsspielraum besitze. Ich erlebe glücklicherweise nahezu täglich, was es bedeutet, wie ein „idealer Stellvertreter" arbeiten zu können.

Dieses Büchlein ist also nicht einer dieser zahlreichen anstrengenden Selbsttherapie-Versuche. Vielmehr geht es darum, auf neuer empirischer Grundlage und am Beispiel einer Branche im Umbruch zu beleuchten, wie es Stellvertretern im Allgemeinen geht, welche Chancen genutzt und welche – zum Schaden aller – versäumt werden. Tatsache ist nämlich, dass sich in Theorie und Praxis kaum einer um Stellvertreter kümmert. Gerne möchte ich helfen, diese Lücke zu schließen. Die Adressaten sind (angehende) Stellvertreter, deren Chefs und Arbeitgeber sowie Trainer, Berater und Coaches, die dabei helfen wollen, Führung zu modernisieren.

Zu Dank bin ich Christian Sauer verpflichtet, der selbst sieben Jahre als Stellvertreter in einer Redaktion gearbeitet hat und ohne den es dieses Buch so nicht geben würde. Sauer hat 2016 den ersten Ratgeber für Stellvertreter verfasst und somit die Basis für meine nun darauf aufbauende empirische Untersuchung gelegt. Auf diese Untersuchung werde ich hier immer wieder Bezug nehmen; sie lässt sich aber im Rahmen eines *essentials* nicht darstellend ausbreiten.

Zum Schluss dieses Vorworts darum noch eine wichtige Gebrauchsanweisung: Alle Daten meiner Studie, die Erläuterung der Methodik ebenso wie die Präsentation und Einordnung der Ergebnisse, sind frei zugänglich und über den Link https://www.alexander-marinos.de/news/ jederzeit für jeden einsehbar. Selbstverständlich ist dieses Buch komplett aus sich heraus verständlich. Wer mag, kann aber immer wieder zu dem Datenüberblick wechseln. Dort, wo es sich besonders lohnt, weise ich ausdrücklich darauf hin.

Alexander Marinos

Inhaltsverzeichnis

Stellvertreter zu sein ist ein Zustand zwischen Himmel und Hölle. Der Papst als Stellvertreter Christi genießt höchste Verehrung in und außerhalb der römisch-katholischen Kirche und gehört zweifelsohne zu den einflussreichsten Menschen der Welt. Da er sich quasi in einem Zustand der – etwas unchristlich formuliert – permanenten „Abwesenheitsvertretung" befindet, ist er in der Kirche de facto der unumstrittene Chef, die Nummer eins. Ganz anders fühlt sich Stellvertretung am anderen Ende der Macht-Skala an. Hier finden wir den eher bedeutungslosen, Mitleid erregenden Assistenten: Dieses Stellvertreterchen ist gut darin, Koffer zu tragen, widerspruchslos Anweisungen auszuführen und, ja, ab und an den Wagen zu holen. Die fiktive Figur des ewigen Derrick-Stellvertreters Harry Klein beschreibt diesen Typus ganz gut. Auch wenn der Satz „Harry, hol schon mal den Wagen" tatsächlich nie in einem Film gefallen ist (Krohn 2011).

„Ideale Stellvertretung" bewegt sich irgendwo zwischen Papst und Harry Klein. Aber was zeichnet nun diesen idealen Stellvertreter aus, und wie oft und in welcher Ausprägung finden wir ihn in freier Wildbahn? Es geht in diesem *essential* also um die drei „L" rund ums Thema Stellvertretung: um die Beschreibung der Lage, des Leidens und der Lösungen. Ist der Hol-schon-mal-den-Wagen-Typus die Ausnahme oder die Regel? Und wie könnte aus einem Harry Klein ein Harry Groß werden?

Zur Lage-Beschreibung wurden Anfang 2020 mehr als 400 Stellvertreter in Redaktionsleitungen regionaler Zeitungsverlage mithilfe eines Online-Tools befragt; 114 von ihnen haben geantwortet. Die Antworten werden in Kap. 3 vorgestellt.

© Springer Fachmedien Wiesbaden GmbH, ein Teil von Springer Nature 2020
A. Marinos, *Der ideale Stellvertreter,* essentials,
https://doi.org/10.1007/978-3-658-30696-0_1

Trotz wachsender Bedeutung wenig erforscht

Ohne Stellvertretung geht es nicht. Fallen Entscheidungsträger aus, muss der Laden trotzdem laufen. Das ist keine neue Erkenntnis. Neu ist dagegen, dass Stellvertretung vor dem Hintergrund sich wandelnder, eher polyzentrisch orientierter Organisationskonzepte mit flacheren Hierarchien eine Blaupause für moderne Führung bietet. Stellvertretung spielt nicht ganz zufällig eine wichtige Rolle in Change-Prozessen. Die digitale Transformation der (ehemaligen) Zeitungsverlage etwa bietet hier spannendes Anschauungsmaterial. Nicht selten sind es die stellvertretenden Chefredakteure, die als Change-Manager fungieren. Mit anderen Worten: Die Bedeutung von funktionierender Stellvertretung wächst und wächst.

Es ist darum umso erstaunlicher, wie wenig Ratgeber es zu dem Thema gibt, wie wenig Weiterbildungsangebote – und wie wenig Forschung als Grundlage dafür. Die einzig bekannten bisherigen repräsentativen deutschsprachigen Studien, die sich mit Stellvertretung beschäftigen, sind die beiden Konrektor-Studien aus den Jahren 2002 und 2010. Damals wurden Konrektoren und Stellvertreter an Grund-, Haupt-, Mittel- und Förderschulen in Bayern befragt. Einführend stellten die Autoren fest, dass die Berufsgruppe der Schulleiter-Stellvertreter „ein wenig bearbeitetes und beachtetes Forschungsfeld" sei. Der Wissensstand zur Stellvertreter-Problematik sei „vergleichsweise defizitär" (Chott und Bodensteiner 2011, S. 9–10). Das gilt bis heute, berufsgruppenübergreifend.

Der Stellvertreter – eine unmögliche Funktion

2

Das *Lieber-Schmid-als-Schmidchen-Bonmot* verdeutlicht, dass man sich mit Stellvertretern eigentlich nicht lange aufhalten möchte. Stellvertretung erfolgt ja in aller Regel unspektakulär, denn in Abwesenheit des zu vertretenden Chefs soll der Betrieb möglichst reibungslos weitergehen. Fällt ein Stellvertreter auf, dann ist das für viele Beobachter ein Zeichen dafür, dass etwas schiefläuft: Entweder muss der Chef eine Niete sein, sodass sein Vize eine permanente große Lücke ausfüllen kann oder muss und dadurch wächst und wahrnehmbar wird; oder der Stellvertreter überschreitet seine Kompetenzen aus purer Geltungssucht; oder er ist heillos überfordert, wenn der Chef nicht anwesend ist, und trifft eine Fehlentscheidung nach der anderen.

Man muss schon tief ins vergangene Jahrhundert zurückgehen, um zu verstehen, warum an (vermeintlich) funktionierender Stellvertretung das Etikett des Unscheinbaren haftet. Als Führung noch grundsätzlich direktiv-autoritär war und der Chef so etwas wie ein Souverän, der neben sich niemanden duldete, kam es einem Stellvertreter bei Abwesenheit des Stelleninhabers maximal zu, die Stellung zu halten, also alles auf kleiner Flamme zu kochen und die großen Entscheidungen möglichst aufzuschieben. Reinhard Höhn, der in seinem 1964 erschienenen Standardwerk „Die Stellvertretung im Betrieb" für damalige Verhältnisse geradezu radikal moderne Thesen vertrat, sah in einem solchen Stellvertreter-Knecht bestenfalls einen „Platzhalter" (1964, S. 10). Wer, bitte, sollte sich mit etwas derart Langweiligem beschäftigen?

Kein Wunder, dass man noch heute „enttäuscht" wird, „wenn man die organisationstheoretische Literatur (…) nach Hinweisen zur Position des Stellvertreters durchschaut" (Vogel 2013, S. 128). Höhn startet das erste Kapitel seines Buches mit dem bezeichnenden Satz: „Die Stellvertretung ist ein Stiefkind innerhalb der betrieblichen Organisation" (1964, S. 1). Man möchte Jahrzehnte danach hinzufügen: Sie ist auch noch immer ein Stiefkind der Wissenschaft.

A. Marinos, *Der ideale Stellvertreter,* essentials,
https://doi.org/10.1007/978-3-658-30696-0_2

2.1   Die undankbare und paradoxe Rolle

Wer will das schon gerne sein, ein ungeliebtes, wenig ge- und beachtetes Stiefkind? Man betrachte sich einen der weltweit wichtigsten Stellvertreter, den Vize-Präsidenten der Vereinigten Staaten von Amerika. Steve Tally, der sich auf erfrischend polemische Weise mit den zweiten Männern im Weißen Haus beschäftigt hat, hält die Position für so unbedeutend und undankbar, dass sie keinen großen Mann zu reizen vermöge.[1] Demjenigen, der sich auf diese Position bewirbt, sollte man sie Tally zufolge auf keinen Fall geben (Vogel 2013, S. 127). Geht man noch einmal einige Jahrzehnte zurück, dann findet man den Aufsatz von Hans Ulrich und sein Bild vom hauptamtlichen Stellvertreter. Dieser sei eine „unglückliche Figur, die von morgens bis abends von geborgter Kompetenz leben muß (sic!) und im Effekt meist mehr Unheil als Gutes anrichtet" (1961, S. 6).

Christian Sauer weist auf die „Sandwichposition" des Stellvertreters hin und darauf, dass dessen Leistungen nach außen kaum sichtbar sind (2016, S. 2–3). Während Chefs innerbetrieblich oft in einer gewissen Einsamkeit leben, dafür aber im Allgemeinen Respekt genießen und die Anerkennung für die Leistungen des Teams einstreichen, sind Stellvertreter einfach nur einsam. Sie sitzen zwischen allen Stühlen, sind keine einfachen Kollegen mehr, aber auch keine vollwertigen Chefs (Asselmeyer et al. 2018, S. 175). Und wenn Lorbeeren verteilt werden, gehen sie meist leer aus. Zum Ausgleich dafür sind sie es dann gewesen, wenn's mal nicht läuft.

Stellvertretung kann auch ganz schön sein
Ob das nicht ein Zerrbild ist, eine Übertreibung? Natürlich ist es das. Wäre alles so schlimm, würde niemand freiwillig Stellvertreter werden. Wahr ist schließlich auch: Wer zum Stellvertreter aufsteigt, nähert sich den Töpfen der Macht, bekommt mehr Einfluss und mehr Geld. Nicht wenige sehen sich auf eine Sprungbrettposition vorrücken, entweder als Kronprinz des amtierenden Chefs oder als Kandidat für andere Führungspositionen in und außerhalb des eigenen Unternehmens. Das Beste an der Sache ist: Stellvertreter können das Chef-Sein üben, ohne dass sie die vollen Konsequenzen trifft, wenn sie einen Fehler machen. Schließlich steht da ja noch der Chef davor, in dessen Windschatten es durchaus bequem sein kann.

---

[1]Tallys Buch aus dem Jahre 1992 hat den schönen Titel: „Bland ambition: From Adams to Quayle – The cranks, criminals, tax cheats, and golfers who made it to vice president".

Die Unterstellung, es sich dauerhaft (zu) bequem zu machen, schwingt mit, wenn es um den Typus des „ewigen Stellvertreters" geht, der gar keine Ambitionen hat, eine Stufe weiter nach oben zu steigen. Dabei kann das durchaus legitim sein, weshalb die Bezeichnung „geborener Stellvertreter" vielleicht treffender wäre. Asselmeyer et al. beschreiben die Chancen, die in der „Sandwichposition" liegen, und sprechen lieber von den Stellvertretern (hier: stellvertretenden Schulleitern) als „Mittler" und „Brückenbauer" zwischen oben und unten (2018, S. 173):

> Sie wirken „mit dem Ohr an der Basis" ruhig, gelassen und geerdet. Sie haben aus-reichend Gestaltungs- und Handlungsspielräume und wollen gar nicht im Rampen-licht der Schule stehen. Mit ihrem Naturell ist es viel besser vereinbar, als Mitglied eines Leitungstandems nicht so exponiert zu sein.

Wenn sich Chef und Stellvertreter gut ergänzen, menschlich und fachlich, kann das eine sehr erfolgreiche und für beide auch langfristig befriedigende Beziehung sein. Ergänzen bedeutet, dass der eine etwas Wichtiges kann oder macht, was der andere nicht kann oder macht. Der eine ist der Zahlenmensch, der andere ist der Menschenfänger; der eine interessiert sich für das Große und Ganze, der andere liebt die Details; der eine ist der präsente Redner, der andere der stille Macher; der eine spielt gerne den good cop, der andere den bad cop; der eine bewegt sich leichtfüßig im Kreis der Schönen und Mächtigen, der andere hat das Ohr an der Basis (siehe oben). Das Erfolgsrezept einer funktionierenden Chef-Stellvertreter-Beziehung ist die passgenaue Unterschied-lichkeit beider Funktionsträger. Beide werden sie dann zu Lichtgestalten, wenn der eine die dunklen Stellen des anderen ausleuchtet – wobei der Chef freilich immer etwas mehr erstrahlt.

Was aber, wenn das nicht dauerhaft funktioniert, etwa weil der Stellver-treter dieses Alphatier-Gen in sich trägt, das ihn nicht ruhen lässt? Oder noch schlimmer: weil der Chef nur die unangenehmen Aufgaben an den Stellvertreter delegiert, das also, was Zeitmanagement-Gurus als „dringend, aber nicht wichtig" einstufen würden. „Schmidchen, Sie können das besser mit den Dienstplänen!", sagte Schmid und verabschiedete sich in den nächsten Repräsentationstermin… Diesem Stellvertreter kann man nur raten, nach einer angemessenen Zeit Schluss zu machen: durch Aufstieg, Weggang oder durch das Zurücktreten ins Glied (was die Umwelt fälschlicherweise oft als Schande auffasst, was aber in Wahrheit wohl mit das Mutigste ist, was eine solche „unglückliche Figur" machen kann).

Spannende Spannungen

Schluss zu machen kann auch eine Lösung für jenen sein, der die jeder Stellvertretung immanenten andauernden, konfliktträchtigen Zerreißproben nicht mehr aushalten kann oder will. Mit dem Begriff der Sandwichposition ist ja schon die wichtigste Zerreißprobe benannt: Bin ich als Stellvertreter eher Kollege oder eher Chef – oder wechselt diese Rolle je nach Konstellation, etwa je nach Erreichbarkeit des zu Vertretenden? Wem gehört die erste Loyalität? Die Beantwortung dieser Frage hängt auch vom Stellvertreter-Typus ab, auf den hier noch näher eingegangen werden soll. Ein Stellvertreter mit wenigen Entscheidungskompetenzen, ein „Platzhalter" gar, steht sicher den Kollegen näher als dem Chef. Ganz anders jener Stellvertreter, der mit dem Chef eine Art Doppelspitze bildet: Es ist evident, dass dieser Vize dem Chef näher steht als den Mitarbeitern.

Dass Stellvertretung im Grunde eine Unmöglichkeit darstellt, zeigt sich in den vielen Paradoxien, die im Prinzip Stellvertretung stecken. Vogel kommt das Verdienst zu, die wichtigsten dieser Paradoxien formuliert zu haben. Sie seien nachfolgend kompakt und zum Teil neu formuliert vorgestellt (2013, S. 135–141):

Die Paradoxien der Stellvertretung

1. Stellvertreter sind Führungskräfte, sofern sie Führungskräfte vertreten – aber sie sind keine Führungskräfte, sofern sie Führungskräfte nur vertreten
2. Stellvertreter vertreten die Stelle, nicht den Stelleninhaber – aber sie sollen im Geiste des Stelleninhabers handeln
3. Stellvertretung soll für die Organisation keinen Unterschied machen – aber der Stelleninhaber hat kein Interesse daran, unterschiedslos ersetzbar zu sein
4. Stellvertretung ist die Ausnahme – aber deren regelmäßiger Eintritt ist Teil der Normalität im Betrieb
5. Stellvertreter sollen für die Beibehaltung von Routine sorgen – aber indem sie ausnahmsweise agieren, verändern sie Routinen zugleich
6. Ein guter Stellvertreter fällt nicht weiter auf – aber wer nicht auffällt, empfiehlt sich nicht für höhere Aufgaben
7. Ein Stellvertreter muss für den abwesenden Stelleninhaber Entscheidungen treffen – aber sobald er Entscheidungen trifft, ist er kein Stellvertreter mehr

> 8. Stellvertreter helfen Chefs, ihren Machtbereich zu erweitern, indem sie
> für sie Entscheidungen treffen – aber indem sie Entscheidungen treffen,
> verringern sie den Machtbereich ihrer Chefs

Stellvertretung, und das stellt eine besondere Belastung für jede Chef-Stellvertreter-Beziehung dar, wertet den zu vertretenden Stelleninhaber immer gleichzeitig auf und ab. Vogel beschreibt es so (2013, S. 134):

> Zwar wird dem Stelleninhaber signalisiert, dass seine Stelle so wichtig ist, dass es sich die Organisation nicht leisten kann oder will, sie im Falle des Falles unbesetzt zu lassen. Zum anderen aber wird auch deutlich, dass die Leistung der Stelle auch jemand anderes für die Organisation erbringen kann und tatsächlich von Zeit zu Zeit auch erbringt.

Der Stelleninhaber ist also verzichtbar, die Stelle ist es nicht. Höhn postuliert (1964, S. 40):

> Der echte Stellvertreter hat die Aufgaben des Stelleninhabers voll und ganz zu erfüllen. Er muß (sic!) in der Lage sein, dessen Delegationsbereich wahrzunehmen, wie es den Anforderungen der Stelle entspricht. Diese Anforderungen ergeben sich aus der Stellenbeschreibung des Stelleninhabers. Die hier festgelegten Pflichten müssen im Vertretungsfall vom Stellvertreter in ihrem ganzen Umfang ausgeübt werden.

Wirklich in ihrem ganzen Umfang? Ein guter Stellvertreter wird in Abwesenheit des Chefs jedenfalls nicht ohne Not und Absprache irreversible Entscheidungen von fundamental-strategischer Bedeutung treffen, die der Stelleninhaber, wäre er da, selbst treffen könnte und würde. Eine „Eins-zu eins"-Vertretung im Sinne Höhns geht also nicht ohne Abstriche, aber dann ist es streng genommen keine Eins-zu-eins-Vertretung mehr. Da kann einem schon der Kopf schwirren.

Paradoxien eröffnen Spielräume
Man kann in all diesen lästigen Widersprüchen natürlich auch eine Chance sehen. Paradoxien eröffnen Spielräume – Spielräume, die ein guter Stellvertreter zu nutzen weiß und die dem Chef und dem Unternehmen insgesamt nicht schaden. Im Gegenteil. Zeiten der Abwesenheitsvertretung können ein Probierfeld für alle Beteiligten sein, wenn Entscheidungen in Nuancen anders getroffen werden, als sie der Stelleninhaber mutmaßlich selbst getroffen hätte. Es ist ja gerade das Schwanken des Wolkenkratzers im Wind, das ihm Stabilität verleiht.

Will sagen: Regeln und Routinen, die für Sicherheit und Ordnung in einem Unternehmen sorgen sollen, benötigen in ihrer Deutung und Anwendung eine gewisse Schwankungsbreite, um optimal zu den Gegebenheiten zu passen, zumal dann, wenn der Zustand ein dynamischer ist wie in den nicht enden wollenden Change-Prozessen. Stellvertreter, diese „außer-ordentlichen" (Vize-) Chefs, sind dazu prädestiniert, sanktionsfrei innerhalb eines bestimmten Rahmens von Regeln abzuweichen, ohne sie dadurch außer Kraft zu setzen. Dazu gehören freilich mutige Entscheidungsfreude und ein schlauer Chef, der begreift, dass die Ausnahme von der Regel die Regel nicht nur bestätigt, sondern Teil einer mitwachsenden Regel ist. Noch so ein Paradoxon!

Die Funktion des Stellvertreters also: Sie steckt voller Spannungen. Chef sein, das ist nicht schwer, einen guten Stellvertreter zu geben, dagegen sehr. Wer aufsteigt, für den ist das eine Befreiung: „Endlich eindeutig Chef sein! Das geht ja ganz leicht!", formuliert Sauer den prototypischen Jubelschrei (2016, S. 4). Langeweile jedenfalls kommt nicht auf, wenn man als Stellvertreter arbeitet und/ oder sich mit Stellvertretung beschäftigt.

2.2   Was ist „ideale Stellvertretung"?

Höhn sah in der Stellvertretung „vielfach lediglich ein Etikett, hinter dem sich die verschiedensten Behelfsmöglichkeiten für Not- und Ausnahmezustände verbergen" (1964, S. 1). Stellvertretung sei „ein Fall der Delegation von Verantwortung auf Zeit" – und zwar immer dann, „wenn der zu Vertretende (…) selbst nicht handeln kann oder will" (Höhn 1964, S. 33). Im Zentrum stehe der „ungestörte Ablauf des Betriebsgeschehens" (Höhn 1964, S. 8). Dazu bedarf es einer durchgehend funktionierenden Hierarchie und einer Stellvertreter-Regelung. Denn erstens, so schreibt Stefan Kühl (2017, S. 1):

> Kein Mechanismus scheint so gut geeignet zu sein wie die Hierarchie, wenn es darum geht, in Organisationen schnelle Entscheidungen zu treffen, permanente Machtkämpfe zu verhindern und Konflikte auf unteren Ebenen zu befrieden.

Und zweitens, so heißt es bei Martin Vogel (2013, S. 132):

> Eine grundlegende Funktion von Stellvertretung wäre also die Verhinderung von Rückdelegation an die nächsthöhere Stelle, wenn der Stelleninhaber für Entscheidungsleistungen ausfällt. (…) Wenn ein Stelleninhaber aktuell nicht handeln kann, kann man auch schlicht warten, bis er von der Dienstreise wieder zurück ist. Langsamkeit wäre also ein funktionales Äquivalent zur Stellvertretung, sofern die Organisation sich das leisten kann und will.

Doch welche Organisation kann und will das schon? Rückdelegation nach oben sowie Abwarten-und-Kaffee-Trinken sind Scheinalternativen, wenn der Stelleninhaber und eigentliche Entscheidungsträger verhindert ist.

Bei Abwesenheit des Chefs nimmt also der Stellvertreter seine „Primäraufgabe" wahr (Asselmeyer et al., S. 137 sowie Sauer, S. 6): Er tritt an die Stelle des Stelleninhabers, um fortan die Stelle zu vertreten (nicht den Stelleninhaber). Diese Form der Abwesenheitsvertretung wurde schon oben kurz beschrieben. Im schlechtesten Fall ist der Stellvertreter hier nur ein Platzhalter, im besten Fall ein Eins-zu-eins-Vertreter mit Abstrichen (Kap. 2).

Formen der Abwesenheit und der Delegation

„Abwesenheit" kann vielerlei bedeuten. Tage- oder gar wochenlange urlaubs- oder krankheitsbedingte Ausfälle des Chefs mögen einem dabei zuerst einfallen. Aber auch ein durch einen Termin verhinderter Stelleninhaber ist kurzfristig abwesend, wenn er zu dem Zeitpunkt nicht dort präsent ist, wo es einer Entscheidung auf eben dieser hierarchischen Stufe bedarf. Dann kann der Stellvertreter zum Zug kommen.

Diese Formen der kürzeren oder längeren Abwesenheiten lassen sich noch weiter ausdifferenzieren. Denn jeder Stelleninhaber kann seine physische Abwesenheit technisch überbrücken – und zwar fast immer und überall. Er kann Anweisungen per E-Mail oder Telefon erteilen und sich in Videokonferenzen zu Wort melden, zur Not auch von einem Kreuzfahrtschiff in der Karibik aus. Das kann sporadisch erfolgen oder regelmäßig, gegebenenfalls auch ständig.

Die Corona-Krise, die im Frühjahr 2020 in Europa aufflammte, hat diesen Mischformen aus physischer Ab- und virtueller Anwesenheit durch das wochenlange mobile Arbeiten im Homeoffice nochmals einen Schub verliehen. Chefs, denen man moderne digitale Telekommunikationmittel an die Hand gibt und die nicht loslassen können, sind praktisch nie weg.

Selbstverständlich kann ein Stellvertreter aber auch dann einspringen, wenn der Stelleninhaber prinzipiell anwesend ist bzw. anwesend sein kann – auch ganz real und zum Greifen nah –, jedoch selbst nicht agieren will. Beispielsweise kann Schmid Schmidchen bitten, für ihn eine Sitzung wahrzunehmen oder einen Kunden zu betreuen oder ein Telefonat zu führen. Schmid ist also anwesend, macht aber bewusst die Tür zu seinem Büro zu und lässt sich durch Schmidchen entlasten. In solchen Fällen handelt ein Stellvertreter formal begrenzt nur „im Auftrag" (i. A.), nicht „in Vertretung" (i. V.).

Ohne Geschäftsverteilungsplan ist alles nichts

Sauer unterscheidet ständige Delegationen („Bitte gehen Sie ab sofort immer in die Sitzungen für mich") von temporären („Bitte gehen Sie heute mal in die Sitzung für mich") (2016, S. 90). Diese Unterscheidung ist insofern von besonderer Bedeutung, weil die Summe aller ständigen Delegationen so etwas wie einen Geschäftsverteilungsplan ergibt (Sauer 2016, S. 5). Dieser ist ein Kontrakt zwischen Stelleninhaber und Stellvertreter (Asselmeyer et al. 2018, S. 47), der unausgesprochen oder ausgesprochen bestehen kann, gegebenenfalls auch schriftlich in Stichpunkten oder ausformuliert. Er legt fest, was zu den ständigen Aufgaben des Stellvertreters gehört, und beschreibt damit seinen Handlungs- und Entscheidungsspielraum.

Es liegt auf der Hand, dass das Fehlen eines solchen Geschäftsverteilungsplans die Rolle des Stellvertreters verunklart und zu Unsicherheiten und Reibungen führen kann. Umgekehrt ist ein umfassender, am besten schriftlich verfasster und damit verbindlicherer Geschäftsverteilungsplan die Grundlage für eine kraftvolle Stellvertretung mit weitgehenderen Befugnissen bis hin zu einem „Chef-neben-dem-Chef" (Sauer 2016, S. 5). Asselmeyer et al. sprechen von einem Co-Piloten und mit Blick auf die Chef-Stellvertreter-Beziehung von einem Leitungs-Duo, von „geteilter Verantwortung" und „ständiger Vertretung" (2018, S. 46–47).

Dieser Stellvertreter ist immer sichtbar, immer hervorgehoben und kann so für den i. V.-Fall – also für den Fall der Abwesenheit des Stelleninhabers – auch besser vertretungsfähig gehalten werden. Da er ständig Führungsverantwortung wahrnimmt, gibt ihm das mehr Sicherheit und Selbstbewusstsein und verleiht ihm als (Vize-) Chef auch mehr Respekt bei den Mitarbeitern. Chef und Stellvertreter als zwei Motoren, die gleichzeitig laufen, bringen zusammen mehr PS auf die Straße.[2]

Und noch etwas: Fällt ein solcher Vize aus, ist der Stellvertreter also selbst abwesend, dann ist es keinesfalls absurd, wenn der Chef seinen „Co-Piloten" ausnahmsweise vertritt, damit die diesem dauerhaft zugewiesenen Aufgaben nicht brachliegen. Es sei denn, es gibt mehrere Stellvertreter, die sich (auch) gegenseitig vertreten.

---

[2]Nur der Vollständigkeit halber sei erwähnt, dass bestimmte dauerhaft an den Stellvertreter übertragene Delegationsbereiche auch selbst wiederum Stellen in der Organisationshierarchie darstellen können. So kann ein stellvertretender Chefredakteur auch Lokalchef oder Sportchef oder Deskchef sein und auf dieser Ressortleiter-Ebene unterhalb der Chefredaktion wiederum eigene Stellvertreter haben. Der Stellvertreter ist dann zugleich Stelleninhaber auf einer unteren Ebene und handelt hier im eigenen Namen (Höhn 1964, S. 35).

> **Der ideale Stellvertreter …**
>
> - hat eine klare und für jeden erkennbare Arbeitsteilung mit seinem Chef vereinbart
> - trifft im Rahmen der ihm zugewiesenen Aufgaben bis zu einem gewissen Grad letzte Entscheidungen bzw. bereitet wichtige Entscheidungen vor
> - führt das Team in seinem Verantwortungsbereich eigenständig auch bei Anwesenheit des Chefs
> - übernimmt bei Abwesenheit des Chefs dessen Aufgaben zusätzlich nahezu vollständig und gewährleistet so – mit Abstrichen – eine Eins-zu-eins-Vertretung ohne Stillstand

Sollte der geneigte Leser nun meinen, diese kleine Aufzählung stecke voller Unschärfen und Widersprüche, so ist dem mit einem herzhaften „Ja doch!" zuzustimmen. (Ideale) Stellvertretung ist ein Widerspruch in sich. Soll ein Stellvertreter den Chef im Sinne einer Arbeitsteilung entlasten, benötigt er weitreichende Entscheidungskompetenzen. Er muss für das Umfeld erkennbar „letzte" Entscheidungen treffen können, denn „vorläufige" würden nicht ernst genommen und in jedem Fall wieder auf dem Tisch des Chefs landen. Trotzdem muss der Chef immer im Rahmen einer „allerletzten" Entscheidung das letzte Wort haben können und im Ausnahmefall auch eine Entscheidung seines Stellvertreters korrigieren, denn im Zweifel ist es der Chef, der sich wiederum vor seinem Vorgesetzten verantworten muss.

Aber Achtung: Hebt ein Chef einmal zu oft die vermeintlich letzte Entscheidung seines vermeintlich starken Stellvertreters durch eine „allerletzte" Entscheidung betriebsöffentlich auf, hat er ihn nachhaltig harrykleinisiert, sprich: geschrumpft. Von idealer Stellvertretung wäre das weit entfernt.

Der Idealfall ist die Annäherung an ein Ziel, ohne es zu erreichen
Starke Chefs brauchen und wollen starke Stellvertreter, ausgestattet mit vielen geliehenen Kompetenzen. Im Idealfall ist der Stellvertreter der oben beschriebene Co-Chef, und der eigentliche „Ober-Chef" ist dann der „Primus inter pares". Nur: Kann es das überhaupt geben, einen Ersten unter Gleichen? Die Antwort lautet: nein. Denn wo es einen Ersten gibt, gibt es keine Gleichheit, und wo Gleichheit herrscht, gibt es keinen Ersten.

Der Idealfall ist im Grunde die Annäherung an ein nicht zu erreichendes Ziel; wird es nämlich doch erreicht, führt es Stellvertretung in dem Moment ad absurdum. Dann heißt es: „Glückwunsch zur Beförderung, Du bist nun kein Stellvertreter mehr!" Aus Schmidchen würde Schmid 2.

2.3   Stellvertreter-Typen nach Christian Sauer

Christian Sauer beschreibt in seinem Vorwort den idealen Stellvertreter, ohne ihn so zu nennen (2016, S. V). Zugleich deutet er die Spannweite des formellen Handlungsrahmens an, den er später genauer aufschlüsselt – vom Lückenfüller bis hin zum Co-Chef:

> Stellvertreter können noch mehr als Lücken schließen. Wenn es gut läuft, dann sind sie Teil der Führung. Sie übernehmen dauernd Mitverantwortung, nicht nur in Abwesenheit des Vorgesetzten. Sie bilden Tandems mit ihren Chefs und teilen die Aufgaben sinnvoll auf. (…) Arbeitsteilige Stellvertretung nennt man das (…).

Jener Stellvertreter, der am weitesten weg ist vom Ideal, ist Sauer zufolge der „Stellvertreter ohne Benennung und Befugnis" (2016, S. 9). Diesen Stellvertreter gibt es offiziell gar nicht, obwohl er eigentlich benötigt würde. Es bildet sich dann, wie bei fast jedem Vakuum, eine informelle Struktur heraus. Diese kann vom Chef gewollt und sogar angestoßen sein; sie kann sich aber theoretisch auch gegen den Willen und sogar ohne das Wissen des Chefs herausbilden. Sauer nennt insgesamt fünf Stufen (2016, S. 9–10):

Formeller Handlungsrahmen des Stellvertreters nach Sauer

1. Stellvertretung ohne Benennung und Befugnis
2. Stellvertretung ohne klare Befugnis
   – Es gibt einen offiziellen Auftrag
   – Es gibt keine klare Kompetenzzuweisung
3. Stellvertretung in Abwesenheit
4. Stellvertretung bei Verhinderung
   – Der Stellvertreter handelt auch bei kurzfristiger Abwesenheit des Chefs
   – „Verhinderung" könnte auch heißen, dass der Chef nicht handeln will, etwa weil er gerade wichtigere Aufgaben erfüllt
5. Arbeitsteilige Stellvertretung (Co-Chef)

Spannender noch ist der informelle Spielraum des Stellvertreters. Hier benennt Sauer jene Stellvertreter-Typen, die in der Stellvertreter-Studie in etwas abgewandelter Form eine wichtige Rolle spielen: Titelträger, Chefvertreter, Zweiter Mann, Koleitung, Graue Eminenz (2016, S. 12–15). Mit jeder weiteren Stufe wächst die Macht des Stellvertreters, bis er als „Graue Eminenz" sogar mächtiger ist als der Stelleninhaber selbst.

Es ist offensichtlich, dass die Ausbaustufen des informellen Spielraums mit den oben beschriebenen formellen Handlungsrahmen korrespondieren – und zwar um jeweils eine Stufe verschoben. So „passt" die Stellvertretung ohne klare Befugnis zum Titelträger, die Stellvertretung in Abwesenheit zum Chefvertreter, die Stellvertretung bei Verhinderung zum Zweiten Mann und die Arbeitsteilige Stellvertretung zur Koleitung.

Nachfolgend sind die Stellvertreter-Typen aufgezählt, wie sie in der Stellvertreter-Studie benannt sind und im Fragebogen erläutert werden. Hinzu kommt hier noch der Typus des „Liberos" („Ausputzers"), den es bei Sauer so nicht gibt. Er liegt etwas quer zur Systematik, muss aber benannt werden, wie bei einem Pre-Test des Fragebogens deutlich wurde. Ein Teilnehmer, selbst jahrelang stellvertretender Chefredakteur, heute Chefredakteur, beschreibt den Libero so: „Oftmals unerkannt vom Chef, (…) denkt und führt der Stellvertreter als Libero manches zu Ende, was ansonsten auf der Strecke bleiben würde" (ausführlicher: Stellvertreter-Studie, S. 12–13).

> **Selbsteinordnungsfrage in der Stellvertreter-Studie**
>
> 1. Reiner Titelträger ohne echte Befugnis
> 2. Vertreter des Chefs bei dessen Abwesenheit mit eingeschränkten Befugnissen. Bei Anwesenheit des Chefs treten Sie komplett ins Glied zurück
> 3. Ständiger zweiter Mann und Vertreter des Chefs bei Abwesenheit und Verhinderung
> 4. (Fast) gleichberechtigter Co-Chef
> 5. „Libero": Sie machen alles, was Ihr Chef nicht kann oder schafft
> 6. „Graue Eminenz": Ihnen kann egal sein, wer unter Ihnen Chef ist

Stellvertreter-Befragung 3

Ausgangspunkt für die schriftliche Stellvertreter-Befragung, deren Ergebnisse nachfolgend vorgestellt und diskutiert werden, war eine Unterstellung: Ideale Stellvertretung stellt in der Praxis eher die Ausnahme dar; Potenziale, die in der Rolle des Stellvertreters stecken, werden vielfach nicht genutzt. Zugrunde gelegt wurden die oben formulierten vier Arbeitshypothesen, die „ideale Stellvertretung" beschreiben (Abschn. 2.2). Ihre Operationalisierung bildete die Grundlage für einen Online-Fragebogen mit geschlossenen und offenen Fragen, der an alle in der Datenbank „Zimpel" verzeichneten stellvertretenden Chefredakteure sowie stellvertretenden Ressortleiter, Lokalchefs und Redaktionsleiter von Tageszeitungen in Deutschland verschickt wurde. Mehr als jeder vierte Angeschriebene beteiligte sich an der Online-Befragung, was eine vergleichsweise hervorragende Rücklaufquote darstellt.

Der gesamte Fragebogen, die hybride Methodik mit quantitativen und einigen qualitativen Elementen sowie alle Daten im Detail und eine ausführliche schriftliche Einordung der Ergebnisse zu jeder einzelnen gestellten Frage sind online frei zugänglich und für jeden nachvollziehbar: https://www.alexander-marinos.de/news/.

Sich wandelnde Zeitungsredaktionen als spannendes Untersuchungsgebiet
Warum Tageszeitungsredaktionen? Schon in der Tatsache, dass man eigentlich gar nicht mehr von „Tageszeitungsredaktionen" sprechen kann, steckt die Antwort. Die (ehemaligen!) Zeitungsverlage in Deutschland machen wie überall auf der Welt einen radikalen Wandel durch. Entweder sie digitalisieren sich jetzt mit maximaler Geschwindigkeit, das heißt: sie bieten vermarktbare journalistische Inhalte online an, oder sie verschwinden von der Bildfläche, endgültig, und mit ihnen unabhängiger regionaler und lokaler Journalismus.

© Springer Fachmedien Wiesbaden GmbH, ein Teil von Springer Nature 2020   15
A. Marinos, *Der ideale Stellvertreter,* essentials,
https://doi.org/10.1007/978-3-658-30696-0_3

Die Herausforderungen, die in dieser Transformation stecken, sind gigantisch. Redakteure, die jahrzehntelang Zeitung gemacht haben, müssen sich auf neue Medien spezialisieren. Techniken ändern sich, Arbeitsabläufe, Zuständigkeiten. All das will geplant und geschult werden – und das parallel zum sich auflösenden Geschäftsmodell Tageszeitung, dessen Erosion existenzgefährdend ist.

3.1 Zusammenfassung und Bewertung der Ergebnisse

Stellt ideale Stellvertretung eher die Ausnahme dar? Angesichts der Ergebnisse der Stellvertreter-Studie hat sich diese theoretische Überlegung zum Teil bewährt; zum Teil wird sie durch einige Beobachtungen aber auch belastet. Flapsig formuliert heißt das: Es besteht begründete Hoffnung, dass mehr Stellvertreter als befürchtet mit ihren Chefs und ihren Unternehmen insgesamt im Zeitalter moderner Führung angekommen sind. Dies gilt allerdings eher auf den höheren Führungsebenen (hier: Chefredaktionen) als auf den unteren (hier: Ressort-leitungen).

Tatsächlich finden wir zu allen Aspekten idealer Stellvertretung Ent-sprechungen in der Realität: Wir finden Stellvertreter, die eine klare, transparente Arbeitsteilung mit ihren Chefs vereinbart haben, die letzte Entscheidungen treffen, die auch bei Anwesenheit der Chefs Führungsverantwortung wahrnehmen und die bei Abwesenheit der Chefs Stillstand vermeiden. Gleichwohl bleibt eine Menge Luft nach oben. Ideale Stellvertretung mag nicht die Ausnahme sein; die Regel ist sie aber auch nicht.

> **Die Flop-3-Liste zur Stellvertretung in Redaktionsleitungen**
>
> 1. Zu selten existieren schriftlich fixierte Geschäftsverteilungspläne
> 2. Zu selten dürfen Stellvertreter Personal- und Budget-Entscheidungen treffen
> 3. Nur knapp jeder dritte Stellvertreter sieht sich als (fast) gleich-berechtigter Co-Chef

Besonders wichtig ist der dritte Punkt. Gerade vor dem Hintergrund enorm herausfordernder Change-Prozesse, deren Ende kaum absehbar ist, sollte sich Führungs-verantwortung immer auf mehrere Personen verteilen. Chott und Bodensteiner sprechen in ihrer Konrektoren-Studie von einer „polyzentrischen Sichtweise" (2011, S. 9) und beziehen sich auf Elke Münch, die sich in ihrer Dissertation Ende der 90er Jahre mit der Kooperation zwischen Schulleiter und Stellvertreter beschäftigt und den Begriff der „kooperativen Führung" geprägt hat (1999, S. 217).

Chott/Bodensteiner halten es für – Zitat – „offensichtlich notwendig, auf Grund der zunehmenden Fülle von Aufgaben sowie wegen der vermehrten Verantwortungsbereiche das ‚patriarchalische' Schulleiter- bzw. Schulleiterinnenbild zu Gunsten einer teamorientierten Vorstellung zu verändern". Damit rücke „aber nicht nur der Schulleiter bzw. die Schulleiterin, sondern auch die Personengruppe der Stellvertreter ins Zentrum des Interesses" (2011, S. 9). Überhaupt zeigen sich hinsichtlich ihrer Ergebnisse eine Menge Parallelen zwischen der Konkretoren-Studie[1] und der hier vorgestellten Stellvertreter-Befragung. Dies deutet darauf hin, dass die gemachten Beobachtungen nicht (nur) berufs- oder branchenspezifisch, sondern bis zu einem gewissen Grad verallgemeinerbar sind.

3.2   Die Selbstwahrnehmung der Stellvertreter

Wie ordnen sich die befragten Stellvertreter selbst ein, legt man ihnen die oben vorgestellte Typenliste vor (Abschn. 2.3)? Die meisten von ihnen sind in ihrer Selbstwahrnehmung mehr als nur reine Abwesenheitsvertreter oder gar Titelträger ohne Befugnis. Sie spielen nach eigener Einschätzung auch eine herausgehobene Rolle bei Anwesenheit des Chefs. Jeder zweite Stellvertreter sieht sich als „ständiger zweiter Mann". Knapp jeder dritte sieht sich als (fast) gleichberechtigter Co-Chef (Abb. 3.1/Stellvertreter-Studie, S. 11–13).

Die spannende Option „Graue Eminenz" mit dem augenzwinkernden Zusatz „Ihnen kann egal sein, wer unter Ihnen Chef ist" wählen nur ganz wenige: drei Prozent aller Antwortenden. Womöglich hat gerade dieser Zusatz aber eine ehrlichere Einschätzung verhindert. „Graue Eminenzen" könnten sich dort herausbilden, wo die stärker im Wind stehenden Chefs ab und an umgepustet und

---

[1]Im Juli 2010 wurden an bayerischen Grund-, Haupt-, Mittel- und Förderschulen im Rahmen einer Vollerhebung alle Schulleiter-Stellvertreter und Konrektoren befragt. Die Autoren geben 3213 Schulen an; die Rücklaufquote (gültig auswertbare Fragebögen) betrug demnach knapp 36 % (Chott und Bodensteiner 2011, S. 10). Konrektoren werden in Bayern stellvertretende Schulleiter genannt, die an Schulen mit mehr als 180 Schülern Dienst tun; „Stellvertreter" sind in Bayern stellvertretende Schulleiter an Schulen mit bis zu 180 Schülern (2011, S. 9).

Stellvertreter-Typ
"Bitte ordnen Sie sich selbst ein. Als Stellvertreter sind Sie am ehesten:"

Reiner Titelträger ohne echte Befugnis

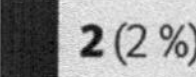 **2** (2 %)

Vertreter des Chefs bei dessen Abwesenheit mit eingeschränkten Befugnissen. Bei
Anwesenheit des Chefs treten Sie komplett ins Glied zurück

10 (9 %)

Ständiger zweiter Mann und Vertreter des Chefs bei Abwesenheit und Verhinderung

57 (50 %)

(Fast) gleichberechtigter Co-Chef

31 (27 %)

"Libero": Sie machen alles, was Ihr Chef nicht kann oder schafft.

8 (7 %)

"Graue Eminenz": Ihnen kann egal sein, wer unter Ihnen Chef ist

 **3** (3 %)

Keine Antwort

3 (3 %)

114 gültige Antworten

Abb. 3.1 Stellvertreter-Typ

dann ersetzt werden, die Stellvertreter aber als stabilisierende Faktoren in der
zweiten Reihe auf ihren Posten verbleiben. Asselmeyer et al. beschreiben „Graue
Eminenzen" so (2018, S. 173–174):

> Sie sind (…) durchaus einflussreiche Personen im System, die aber nach außen
> neben dem Schulleiter selten in Erscheinung treten. Gleichwohl ist allen Beteiligten
> bewusst, dass sie im Hintergrund die Fäden ziehen (…).

Diese Beschreibung würde allerdings auch ganz gut auf „Liberos" passen:
Diese im Fußball strategisch veralteten Dirigenten der Abwehr machen alles,
was ihre Chefs nicht können oder schaffen. Rund sieben Prozent aller befragten

Stellvertreter sehen sich in dieser Rolle, die ebenfalls auf kein gesundes Chef-Stellvertreter-Verhältnis hindeutet.

Insgesamt ist das Selbstbewusstsein von Stellvertretern als Führungskräfte durchaus ausgeprägt. Drei von vier stellvertretenden Chefredakteuren nehmen sich selbst „voll und ganz" als Führungskräfte wahr. Auf Ressortleiter-Ebene findet sich diese Ausprägung, wenig überraschend, deutlich abgeschwächt (Stellvertreter-Studie, S. 23–26).

3.3 Die Kompetenzen der Stellvertreter

Eine große Mehrheit der Stellvertreter weiß, was zu ihren formal zugewiesenen Kompetenzen gehört. Nur etwa jedem dritten Stellvertreter ist der eigene Entscheidungsspielraum jedoch „völlig klar" (Stellvertreter-Studie, S. 7–8). Die meisten Stellvertreter wissen zudem, was ein „Geschäftsverteilungsplan" ist. Ein solcher Plan regelt, welche Entscheidungsspielräume dem Stellvertreter zukommen und welche nicht. Er kann für Klarheit sorgen.

Doch knapp 40 % aller Stellvertreter haben keinen Geschäftsverteilungsplan mit ihrem Chef geschlossen. Nur jeder achte Stellvertreter besitzt einen schriftlich ausformulierten oder in Stichpunkten festgehaltenen Geschäftsverteilungsplan (bei der Teilgruppe der stellvertretenden Chefredakteur ist es jeder vierte). Das Glas ist also halb voll – oder halb leer, je nach Betrachtungsweise (Abb. 3.2/ Stellvertreter-Studie, S. 9–10).

Zu einem nahezu deckungsgleichen Ergebnis kommt die Konrektoren-Studie 2010. In ihrem Fazit stellen die Autoren nahezu beschwörend fest (Chott und Bodensteiner 2011, S. 32):

> Es besteht immer noch für über 40 Prozent der Konrektoren, besonders aber für die Stellvertreter, die Aufforderung, ihre Aufgabengebiete gemeinsam mit dem Schulleiter klar abzusprechen und schriftlich in einem Geschäftsverteilungsplan zu fixieren.

Personal- und Budgetfragen spielen auf der Ebene der Chefredaktionen naturgemäß eine größere Rolle als auf der Ebene der Ressortleitungen. Jeder fünfte stellvertretende Chefredakteur gibt an, dass (letzte) Personalentscheidungen zu seinem Entscheidungsspielraum gehören. Jeder vierte stellvertretende Chefredakteur legt Etats fest, denen der Chef in der Regel zustimmt.

Insgesamt sind Stellvertreter in der Regel deutlich operativer unterwegs als ihre Chefs. Sie treffen sehr häufig tagesaktuelle journalistisch-inhaltliche

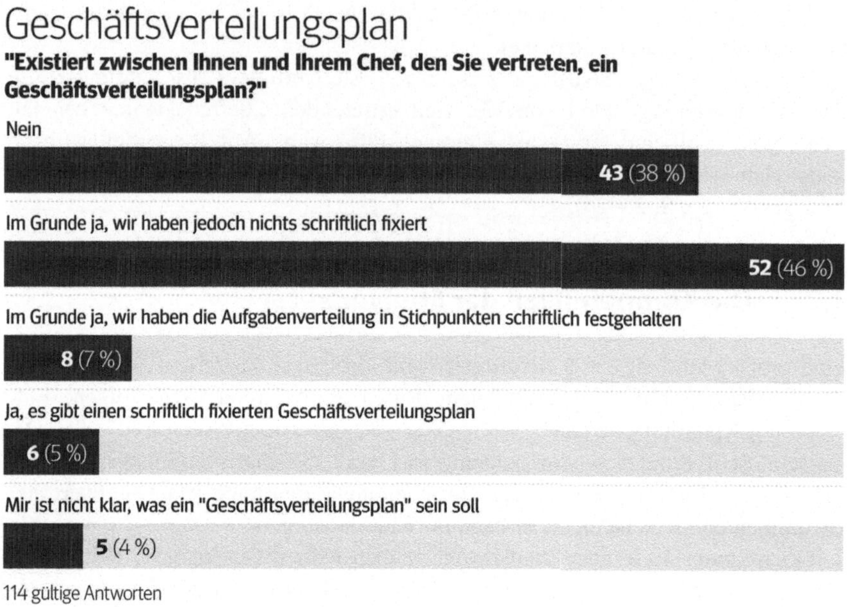

Geschäftsverteilungsplan

"Existiert zwischen Ihnen und Ihrem Chef, den Sie vertreten, ein Geschäftsverteilungsplan?"

Nein

43 (38 %)

Im Grunde ja, wir haben jedoch nichts schriftlich fixiert

52 (46 %)

Im Grunde ja, wir haben die Aufgabenverteilung in Stichpunkten schriftlich festgehalten

8 (7 %)

Ja, es gibt einen schriftlich fixierten Geschäftsverteilungsplan

6 (5 %)

Mir ist nicht klar, was ein "Geschäftsverteilungsplan" sein soll

5 (4 %)

114 gültige Antworten

Abb. 3.2 Geschäftsverteilungsplan

Entscheidungen. Exemplarisch mag hier die Antwort eins „Liberos" auf die Frage sein, in welchen Bereichen er „letzte Entscheidungen" trifft: „Alle Artikel im Lokalteil, alle tagesaktuellen redaktionellen Entscheidungen, Serien, Schwerpunkte, Freie Mitarbeiter, Personalplanung abseits von Einstellungen/ Kündigungen" (Stellvertreter-Studie, S. 22).

Vier von fünf Stellvertretern geben an, schon einmal mit der Leitung von Projekten betraut worden zu sein (bei der Teilgruppe der stellvertretenden Chefredakteure ist der Anteil noch etwas höher). Als ein typisches Thema wird die digitale Transformation explizit wiederholt genannt. Das spricht dafür, dass in den Unternehmen (zunehmend?) erkannt wird, dass sich Stellvertreter für diese Art der Arbeit besonders eignen (Stellvertreter-Studie, S. 27–28).

Ausgewiesene Trainings oder Coachings für Stellvertreter sind übrigens die Ausnahme: Nur jeder fünfte Befragte hat eine solche Weiterbildung eigenen Angaben zufolge genossen (Stellvertreter-Studie, S. 38–40).

Schüsse, die nach hinten losgehen

Die allermeisten Chefs haben verstanden, dass die (betriebsöffentlich nachvollziehbare) Korrektur von Entscheidungen ihrer Stellvertreter tunlichst vermieden werden sollte, um diesen nicht zu schaden. Weit mehr als 90 % aller Chefs werfen nach Angaben aller Stellvertreter deren Entscheidungen, die gegenüber den Mitarbeitern schon kommuniziert wurden, nie (fast 70 %) oder höchstens einmal pro Monat (23 %) um. Bei der Teilgruppe der stellvertretenden Chefredakteure sieht das sogar noch besser aus. Hier handeln 95 % der Chefs in dieser Hinsicht vorbildlich.

Ein Stellvertreter beschreibt den Führungs-Gau so: „Das ist so mit das Schlimmste, was passieren kann, es untergräbt meine Autorität und stellt die Kompetenz in Frage." Offenbar erleichtert fügt er hinzu: „Es ist bisher erst einmal passiert." Ein anderer spricht von „persönlicher Demontage" (Stellvertreter-Studie, S. 21). Der Chef, der eine Stellvertreter-Entscheidung auf offener Bühne korrigiert – man kann dies wohl als Ur-Angst eines jeden Stellvertreters beschreiben.

Eine „Demontage auf Raten" könnte auch eine Folge davon sein, dass ein Chef so gut wie nie abwesend ist und seinem Stellvertreter somit keinen Raum für dessen Primärfunktion gibt: übergangsweise an die Stelle des Chefs zu treten. Immerhin zeigt sich in der Stellvertreter-Befragung, dass Stellvertreter dann, wenn ihre Chefs abwesend sind (Urlaub, Krankheit), in der Regel weit mehr Handlungsspielräume haben als nur die Stellung zu halten. Eine vollständige Übernahme aller Chef-Kompetenzen, das zeigt sich jedoch ebenso, findet in der Zeit meist nicht statt (Abb. 3.3/Stellvertreter-Studie, S. 32–34).

Chefs, die krankheitsbedingt ausfallen, halten in der Regel nur sporadisch bzw. ausnahmsweise Kontakt zu ihren Stellvertretern, um sich auf Stand zu bringen. Jeder fünfte Chef lässt es allerdings gar nicht so weit kommen. In der Wahrnehmung ihrer Stellvertreter sind sie so gut wie nie krank (Stellvertreter-Studie, S. 34–36). Ob das gesund ist?

3.4 Die Sandwich-Position der Stellvertreter

Stellvertreter sitzen zwischen allen Stühlen. Vor allem auf Ressortleiter-Ebene befinden sich Stellvertreter in einer Sandwich-Position. Auf Chefredaktionsebene gibt es eine deutlich stärkere Loyalität hin zum Chef (Stellvertreter-Studie, S. 28–30). Bezogen auf alle befragten Stellvertreter zeigt sich hier eine weitere frappierende Ähnlichkeit zur Konrektoren-Studie von 2010.

Abwesenheitsvertretung
"Bei Abwesenheit Ihres Chefs (z.B. Krankheit, Urlaub) halten Sie vor allem die Stellung. Wie sehr trifft das zu?"

Das trifft zu. Ich treffe dann so gut wie keine Entscheidungen, bis mein Chef wieder da ist

4 (4 %)

Das trifft weitgehend zu. Einfache operative Entscheidungen treffe ich, damit der Laden läuft. Im Notfall frage ich den Chef meines Chefs

15 (14 %)

Das trifft nur teilweise zu. Ich treffe operativ notwendige Entscheidungen und entscheide im Notfall auch Dinge von Gewicht

34 (31 %)

Das trifft eher nicht zu. Bei Abwesenheit des Chefs treffe ich weitgehend die Entscheidungen, die er sonst selbst treffen würde

39 (36 %)

Das trifft gar nicht zu. Bei Abwesenheit meines Chefs gehen alle seine Entscheidungskompetenzen auf mich über

17 (16 %)

109 gültige Antworten

Abb. 3.3 Abwesenheitsvertretung

Auf die Frage, wem sie näher stünden, dem Chef oder den Mitarbeitern, antworteten in der Stellvertreter-Studie 46 %: „Beiden Seiten gleich nah". In der Konrektoren-Studie wählten 43 % der Befragten die Mittelposition, die mit der Formulierung „der gesamten Schulfamilie zugehörig" beschrieben wurde. Gut 22 % der Konrektoren und stellvertretenden Schulleiter bajahten für sich eine „Prellbock-Funktion" (Chott und Bodensteiner 2011, S. 18) (Abb. 3.4).

Es liegt auf der Hand, dass zwei Stellvertreter-Gruppen besonders gefährdet sind, zwischen oben und unten zerrissen zu werden: jene, die als reine Abwesenheitsvertreter immer dann ins Glied rücken, wenn der Chef anwesend ist, die also heute Chef, morgen Kollege und übermorgen wieder Chef sein sollen (Abschn. 2.2); und jene, die einen Fahrstuhl- oder Kaminaufstieg hingelegt haben, die also innerhalb eines Teams zum Stellvertreter befördert wurden.

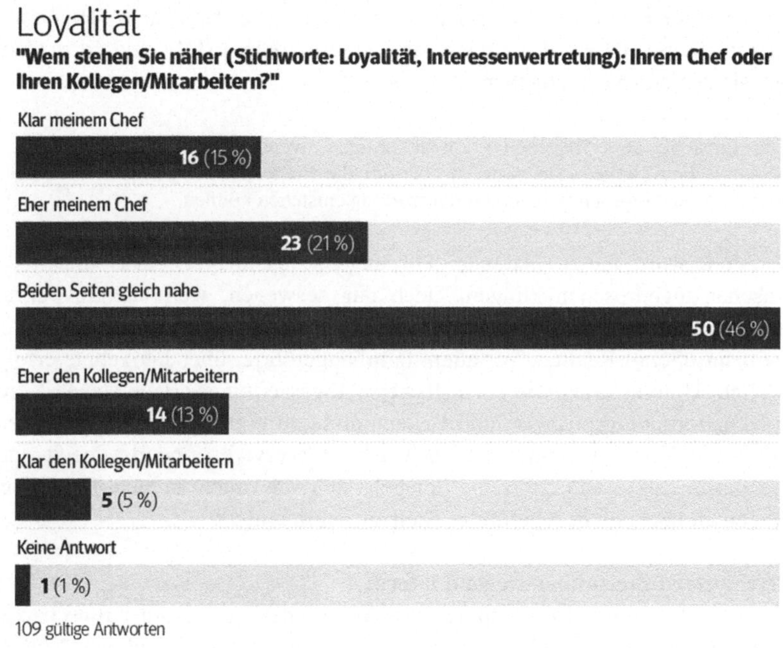

Abb. 3.4 Loyalität

Verschiedene Autoren sprechen hier auch von „Nesthockern", die von „Nest-
flüchtern" abzugrenzen sind (z. B. Sauer 2016, S. 27–28).

3.5 Der Führungsstil der Stellvertreter

Direktive Führung war gestern; heute geht es um kommunikative, teamorientierte
Führung. Autorität erwächst aus Kompetenz. Aber mit „Kompetenz" ist immer
weniger die formale Hierarchiestufe gemeint, die auf Schildern zu Büros abzu-
lesen ist. Hierarchische Führung weicht dem „Führen ohne Macht", weiß auch
Sauer (2016, S. VI):

Führung verliert zunehmend den Charakter von Kontrolle und Disziplinierung.
Führung dreht sich zunehmend um die Frage: Was braucht ein Mitarbeiter, damit
er motiviert und effizient arbeiten kann? Führungskräfte (…) sollen nicht mehr von
oben herab führen, sondern von der Seite.

Asselmeyer et al. blasen ins selbe Horn, wenn sie für flache Hierarchien plädieren. Starke Chefs delegieren; sie steigern ihren Erfolg und ihre Macht, indem sie gezielt Macht abgeben (2018, S. 85):

> Die Einsicht, dass Mitarbeiter „mehr bringen, wenn sie mehr dürfen", mag abgedroschen klingen. Sie verweist aber auf die Frage, wie Leistungsbereitschaft und Lust zur Mitgestaltung und -verantwortung entstehen können.

Das Zauberwort lautet „laterale Führung" (Abschn. 4.1). Das mag zwar inzwischen abgedroschen klingen. Doch nur deswegen, weil laterale Führung in nahezu allen modernen Management-Ratgebern propagiert wird, ist sie noch lange nicht überall Realität. Vor allem familiengeführte, über Jahrzehnte erfolgsverwöhnte Unternehmen wie beispielsweise Tageszeitungsverlage stehen – trotz aller Transformationsprozesse und Bekenntnisse zu einer neuen Unternehmenskultur – im Verdacht, zum Teil noch sehr konservativ, und das heißt auch: hierarchisch, aufgestellt zu sein. Spiegelt sich das auch in den Redaktionsleitungen und bei den dort befragten Stellvertretern wider?

Stellvertreter führen überwiegend lateral
Neun von zehn Stellvertretern führen ihre Mitarbeiter nach eigener Einschätzung in aller Regel überwiegend oder sogar voll und ganz auf Augenhöhe. Nur eine kleine Minderheit beurteilt den eigenen Führungsstil als (überwiegend) „direktiv, nicht kommunikativ". Auch den Chefs wird mehrheitlich unterstellt, überwiegend auf Augenhöhe zu führen. Allerdings sind die direktiven Anteile den Befragten zufolge hier deutlich höher als bei den Stellvertretern selbst. Dies wird auch deutlich, wenn man sich die Kontrollfrage ansieht: Führen die Chefs „direktiv, nicht kommunikativ"? Jeder dritte Stellvertreter beantwortet diese Frage mit „teilweise", jeder fünfte sogar mit „überwiegend" (Stellvertreter-Studie, S. 30–32).

Ein Blick in die Konrektoren-Studie offenbart die nächste Parallele. Im qualitativ angelegten Teil beschreiben die Befragten, wie sie Personalführung im Gegensatz zu ihren Schulleitern gestalten würden. Genannt werden „mehr Kontakte zu den Kollegen suchen, einen partnerschaftlichen Führungsstil wählen, einen anderen Umgangston pflegen, besser informieren sowie die Kollegen häufiger in ihre Entscheidungen einbeziehen" (Chott und Bodensteiner 2011, S. 17).

Eines freilich bleibt offen: Bevorzugen Stellvertreter den lateralen Führungsstil aufgrund tieferer Einsichten, sind Sie also aus innerer Überzeugung die besseren Führungskräfte, oder bleibt ihnen aufgrund ihrer geringeren, nur (zeitweise) geborgten Macht gar nichts anderes übrig, als den Kollegen auf Augenhöhe zu begegnen? Sauer verwendet eine schlaue Formulierung, die eine gezielte Unschärfe enthält. Er schreibt: „Stellvertreter müssen die besseren Führungskräfte sein" (2016, S. 93). Man möchte hinzufügen: ob sie wollen oder nicht.

Stellvertretung im Kontext moderner Führung 4

Die Frage, was „bessere Führungskräfte" ausmacht, führt zur grundlegenderen Frage, was bessere Führung sei. Und man muss sogar noch grundsätzlicher werden: Ist der Begriff „Führung" zu Beginn der 20er Jahre im 21. Jahrhundert im Sinne asymmetrischer Beziehungen noch zeitgemäß? Und wie beeinflussen und befruchten sich „moderne Führung" und „Stellvertretung" wechselseitig?

Der selbstbewusste, mitdenkende Mitarbeiter entspricht dem modernen Menschenbild einer freiheitlichen, zivilisierten Gesellschaft. Mit zunehmender Spezialisierung kommt jedem Einzelnen immer mehr Verantwortung zu. Führungskräfte können diesen Wissensarbeitern nicht mehr im Detail vorgeben, was sie zu tun und zu lassen haben; oftmals fehlt den Chefs dafür auch schlicht das fachliche Verständnis. Den Wissensarbeitern ist das natürlich klar, und sie würden sich einen solchen antiquierten Führungsstil auch gar nicht gefallen lassen.

Führung ist insofern mehr und mehr Koordination und Kommunikation: das Festlegen und Erläutern der Unternehmensziele, das Bereitstellen von Ressourcen, das Organisieren von Rahmenbedingungen sowie das umfassende Informieren und gezielte Fördern aller am Innovations- und Produktionsprozess Beteiligten. Führung ist in diesem Kontext vor allem auch: Delegation. Je komplexer die Anforderungen werden, desto anspruchsvoller wird delegierende Führung, die mit Befehl und Gehorsam nicht mehr viel zu tun hat.

Die Aufbauorganisation schlau umbauen

Das alles hat vielfältige Konsequenzen für verschiedenste Akteure in einem Unternehmen. Unternehmer und ihre Geschäftsführer etwa müssen sich überlegen, wie sie ihre Aufbauorganisation schlauer gestalten. Und die Führungskräfte schließlich haben die Aufgabe, bedeutende Anteile ihrer formalen Macht ständig

© Springer Fachmedien Wiesbaden GmbH, ein Teil von Springer Nature 2020   27
A. Marinos, *Der ideale Stellvertreter,* essentials,
https://doi.org/10.1007/978-3-658-30696-0_4

nach unten abzugeben: nicht zuletzt auch an ihre Stellvertreter, die ebenfalls Aufgaben weiterdelegieren und an die sich die Chefs in Sachen laterale Führung ohnehin vielfach ein Beispiel nehmen können und sollten.

4.1   Die Transformation von Führung

Die Transformation von Führung gehört zu den nicht mehr enden wollenden Meta-Change-Projekten unserer Zeit. Sehen wir uns exemplarisch die digitale Transformation der (ehemaligen) Tageszeitungsverlage an, dann sind die sich verändernden Anforderungen an Führung wie durch ein Brennglas zu beobachten.

Der Change weg von der reinen Printproduktion hin zum redaktionellen „Online first" bedeutet nicht nur einen radikalen Wandel aller Workflows, sondern stellt für die Verlage und ihre Mitarbeiter auch einen emotional aufgeladenen Kulturbruch dar. Weil gerade viele ältere Redakteure, die nichts anderes als Zeitungsmachen gelernt haben, in diesem Wandel nicht bestehen können und/oder wollen, ist der Change nicht selten mit einem partiellen Personalwechsel verbunden: Digital Natives fluten die Redaktionen.

Hinzu kommt etwas Drittes: Den traditionell gutbetuchten Verlagen geht aufgrund unaufhörlich sinkender Printauflagen und Anzeigenerlöse und vor dem Hintergrund eines noch nicht funktionierenden neuen Online-Geschäftsmodells, das die Verluste kompensieren könnte, die finanzielle Puste aus. Man kann also die dringend benötigten jungen Digitalexperten nur begrenzt mit Geld locken. Andere Anreize müssen her.

Was lockt die jungen Digitalos?
Das Gute ist: Die neuen digitalen Wissensarbeiter sind durchaus empfänglich für Anreize jenseits des schnöden Mammons. Im Rahmen ihrer Life-Work-Balance ist es ihnen wichtig, dass Arbeit ein schöner Teil des Lebens ist, dass sich ihre Arbeit gut anfühlt. Birgit Gebhardt et al. sehen die „Anreizsysteme im Umbruch" (2015, S. 18–19):

> Insbesondere die Generation der Digital Natives stellt klassische Autoritätsmuster und Werte zunehmend infrage. Teilhabe und Beteiligung sind Forderungen (…). Die Anreizsysteme sind im Umbruch. Handlungs- und Gestaltungsfreiheit, Selbstwirksamkeitsüberzeugung, Verantwortungszuweisung und andere Faktoren werden zur alternativen Währung, mit der Leistungen kompensiert werden.

Axel Gloger sieht deshalb „das Ende des Vorgesetzten" kommen und konstatiert (2013, S. 24):

> Gelernte Facebook-Nutzer drängen massenweise in die Arbeitswelt – und verlangen einen neuen Führungsstil, der genauso ist wie ihr Zuhause, das soziale Netzwerk. Plötzlich sind Offenheit, Dialog, Informationsteilung und Feedback angesagt. (…) Vorgesetzte, die sich nicht umstellen, haben bald keine Mitarbeiter mehr. Die Jungen fackeln nicht lange. (…) der nächste Arbeitgeber nimmt sie mit Kusshand.

Nun heißt das freilich nicht, dass sich die Verhältnisse umkehren müssen, die Wissensarbeiter quasi die De-facto-Chefs ihrer in Demut versinkenden De-jure-Vorgesetzten werden. Informationsteilung bedeutet eben auch die Verhinderung von Herrschaftswissen jener Wissensarbeiter, die die Führungskräfte gleichsam am langen Arm verhungern lassen könnten. Interne Transparenz, die sich heute ebenfalls hervorragend über digitale Plattformen wie Slack oder Mattermost herstellen lässt, sorgt für Partizipation und Kollaboration auf allen Ebenen. Es gehört zu den vornehmsten Aufgaben moderner Führung, diese Informationsteilung zu organisieren – und zwar im ureigensten Interesse.

Delegativ, konsensual, kooperativ, moderierend, orchestrierend …
Laterale Führung, also die Führung von der Seite, auf Augenhöhe, ist die bessere Führung. Sie ist im Hinblick auf die veränderten und sich weiter verändernden Anforderungen, vor allem im Hinblick auf die neuen Adressaten von Führung, angemessen und funktional. Der Führungsstil kann beschrieben werden als delegativ, konsensual, kooperativ sowie moderierend und orchestrierend.

„Wer praktiziert diese Art der Führung jeden Tag und lernt sie täglich ein bisschen besser?", fragt Christian Sauer rhetorisch und liefert die Antwort gleich mit: „Das sind die Stellvertreter. Ihnen bleibt gar nichts anderes übrig, als freundlich, sachlich und mit Argumenten zu führen" (2016, S. VI). Denn ihre Weisungsbefugnis ist, je nach Stellvertreter-Typ, mehr oder weniger eingeschränkt. Disziplinarische Maßnahmen, also Sanktionen wie Er- oder Abmahnungen, stehen ihnen, wenn überhaupt, nur nach Rücksprache mit dem zu vertretenden Stelleninhaber zur Verfügung.

Ist das ein Nachteil, der ins Gewicht fällt? Eigentlich nicht. Chefs, die ihren Mitarbeitern Sanktionen androhen, ziehen so etwas wie die „ultima ratio" und haben in dem Moment im Grunde verloren. Disziplinarische Maßnahmen fallen immer auch auf den zurück, der sie verhängt, weil sie zeigen, dass die Führungskraft Kopf und Herz einzelner Mitarbeiter nicht erreicht. Die Betroffenen reagieren dann meist mit Rückzug, schlimmstenfalls mit innerer Kündigung, und ziehen ihr Umfeld gerne mit in den emotionalen Abgrund. In jedem Fall ist das Gift für vertrauensvolle, offene und loyale Teamarbeit.

Stefan Kühl zeigt sich daher überzeugt davon, dass (vordergründig nicht-hierarchische) Macht, Vertrauen und Verständigung – die „drei Säulen des lateralen Führens" – „nicht nur in lateralen, sondern auch in hierarchischen Kooperationsbeziehungen eine wichtige Rolle" spielen, eben weil die Androhung von Sanktionen keine vernünftige Option ist (2017, S. 10).

> **Die drei Säulen des lateralen Führens nach Stefan Kühl**
>
> 1. Macht – ist nicht gleich Hierarchie. Experten üben Macht aus, weil sie über relevantes Sachwissen verfügen; wer privilegierte Zugänge zu Entscheidungsträgern hat, kann daraus ebenfalls Macht ziehen; auch wer Kommunikationskanäle kontrolliert, übt Macht aus (2017, S. 24–25)
> 2. Vertrauen – ist ein riskanter, aber meist erfolgreicher Einflussmechanismus; man gibt etwas und vertraut darauf, dadurch vom Gegenüber wieder etwas zu bekommen (2017, S. 27–28)
> 3. Verständigung – ist die Herstellung von Einvernehmen auf der Grundlage gemeinsamer Erfahrungshintergründe (2017, S. 22–23)

Macht (die vordergründig nicht-hierarchische), Vertrauen und Verständigung liegen im Werkzeugkoffer eines Stellvertreters ganz oben – und sollten zu den bevorzugten Werkzeugen aller Führungskräfte gehören. Aber Achtung: Laterale Führung hat nichts mit „Basisdemokratie" zu tun. Die letzte Verantwortung der Hierarchen ist nicht delegierbar.

Laterale Führung funktioniert zwar prinzipiell unabhängig bzw. quer zur Formalstruktur eines Unternehmens, was etwa in abteilungs- oder bereichsübergreifenden Projekten deutlich wird, kommt aber ohne eine Rückbindung an diese Formalstruktur auch nicht aus (Kühl 2017, S. 3). Ein Projektleiter, der kein weisungsbefugter Vorgesetzter seiner Projektteam-Mitglieder ist, hat irgendwann den Auftrag eines Hierarchen bekommen, das Projekt zu leiten – und zieht daraus Macht, die dadurch zumindest indirekt hierarchisch ist. Der in der Regel privilegierte Zugang zum Chef verleiht dem Stellvertreter ebenfalls eine indirekt hierarchische Macht. Lateral heißt eben nicht „machtlos" oder gar „ohnmächtig". Lateral heißt vor allem „wirkungsmächtig".

Der geneigte Leser merkt es: Wir stoßen wieder auf einen paradoxen Sachverhalt, auf einen inneren Widerspruch: „Führung" und „von der Seite" – eigentlich schließt sich das gegenseitig aus. Aber wenn sich jemand mit Paradoxien auskennt, dann sind das Stellvertreter! Wir hatten es oben schon ausführlich diskutiert (Abschn. 2.1).

Man kann sich auch zu Tode konferieren
Laterale Führung ist kein Allheilmittel. Wer nur auf Vertrauen, Verständigung und die oben beschriebene, eher subtile Macht setzt oder setzen muss, begibt sich im Zweifel in langwierige Prozesse, die insgesamt bremsend wirken. Man kennt das: Der Terminkalender platzt vor lauter Sitzungen, in denen viel geredet und wenig entschieden wird. Hier hilft die hierarchisch angelegte Formalstruktur weiter. Am Ende entscheidet der Chef und kann so „ausufernde Verständigungsprozesse abkürzen" (Kühl 2017, S. 49). Autoritäre Führung kann, vorsichtig dosiert, auch etwas Befreiendes haben.

Mehr noch: In bestimmten (Ausnahme-) Situationen ist autoritäre Führung geradezu angesagt. In Krisensituationen etwa, dann, wenn Gefahr im Verzug ist, ist die starke Figur gefragt, die schnell entscheidet – weil keine Entscheidung im Zweifel genauso schlimme oder sogar schlimmere Folgen hat als eine falsche.

Gebhardt et al. weisen auch noch auf einen anderen Punkt hin, der einen punktuellen, vorübergehenden (!) autoritären Führungsstil legitimieren mag. In einem autoritär sozialisierten Kontext, also einem Unternehmen beispielsweise, in dem über Jahre und Jahrzehnte mit eiserner Faust regiert wurde, kann ein kommunikativ-kooperativer Führungsstil eine (noch) nicht allzu selbstbewusste Belegschaft irritieren und weiter verunsichern (2015, S. 15).

Wirksame Veränderung kommt nicht von oben
Führungskultur ist hier Teil einer gewachsenen Unternehmens(un)kultur, die sich nur langsam reformieren lässt. Das mag anstrengend sein, ist aber unerlässlich. Denn ein digitaler Transformationsprozess ohne die dahinter liegende reformierte Führungskultur, ohne Beteiligung der Mitarbeiter, ohne Kommunikation, Transparenz und ständige Delegation, ist schlicht nicht vorstellbar.

Wie sollte das auch gehen? Top-down-Vorgaben, die keiner mitträgt, verkommen zu Papiertigern. Sie werden weder geliebt noch gelebt. Mehr noch: Sie funktionieren meist nicht, weil die operativen Wissensarbeiter beim Konzipieren des Changes meist nicht mit am Tisch saßen und der Realitätscheck erst dann erfolgt, wenn die Operation am offenen Herzen läuft. Die Folge sind heftige Rhythmusstörungen mit drohendem Herzstillstand. Bestenfalls rettet die normative Kraft des Faktischen den Patienten. Asselmeyer et al. finden auch, dass wirksame Veränderungen „von innen kommen müssen, um vom Kollegium getragen zu werden" (2018, S. 83).

Die Transformation von Führung beginnt bei der Ermächtigung der Stellvertreter

Stellvertretern kommt in solchen noch- oder post-autoritären Kontexten eine besonders wichtige Rolle zu. Sie können die Kommunikation zwischen Chefs und Mitarbeitern in Gang bringen und halten; sie können die (Wissens-) Arbeiter aufgrund ihrer größeren Nähe zum Operativen einbinden und beteiligen. Voraussetzung ist, dass sie entsprechend ermächtigt werden. Die – nennen wir es einmal – Semi-Demokratisierung einer Institution mit bis dato eher diktatorischen Strukturen verläuft ja, wenn die Revolution ausbleibt, in Schritten, geordnet von oben nach unten. Da sind die Stellvertreter die Ersten, die es trifft, und das ist auch gut so.

Es muss darum auch kein Fehler sein, wenn Stellvertreter ihren Arbeitgeber in Betriebsratssitzungen vertreten. Nahezu alle Transformationen, die digitalen allemal, sind in Betrieben von einer bestimmten Größe an mitbestimmungspflichtig. Spätestens hier wirken die oben beschriebenen Mechanismen lateraler Führung, da Betriebsräte regelmäßig empfindlich darauf reagieren, wenn man ihnen im Befehlston begegnet.

Coaching als konsequenteste Form lateraler Führung

Wer moderne Führung zu Ende denkt, also eine Form der Führung, die Lösungen und Lösungswege nicht im Detail vorgibt, sondern die Wissensarbeiter dabei unterstützt, selbst Lösungen zu finden, der landet automatisch beim Coaching als hervorragendes Führungsinstrument. Es handelt sich dabei keinesfalls um eine Art Modeerscheinung, um eine neue Verpackung für einen Führungsstil, der einfach nur weniger dirigiert als berät. Im Unterschied zur Beratung macht der Coach keine eigenen Lösungsvorschläge, die der Coachee gleichsam passiv konsumieren kann, sondern er begleitet den Coachee bei der aktiven Entwicklung eigener Lösungen.

Diesem Ansatz liegt ein Menschenbild zugrunde, das sich in der Humanistischen Psychologie herausgebildet hat. Diese geht davon aus, „dass alle Menschen in der Lage sind, selbst einen guten Weg zu finden und zu gehen" (Klein 2016, S. 17)[1]. Die Lösungen stecken insofern immer schon im Menschen

---

[1]Susanne Klein stellt in ihrem Buch „50 Praxistools für Trainer, Berater, Coachs" vor, ordnet diese historisch und methodisch ein und schildert Beispiele, wie sie sich miteinander kombinieren lassen können. Ein sehr nützliches Buch auch für Führungskräfte, die ihr Handlungs-Portfolio gezielt um Coachingmethoden erweitern wollen (2016).

drin; sie müssen nur noch mithilfe geeigneter Methoden aus diesen herausgeholt werden. Damit das gelingt, muss ein Coach eine wertschätzende Umgebung schaffen, sollte empathisch und authentisch sein. Empathie, Authentizität und Menschenfreundlichkeit: Klingt per se nach wichtigen Eigenschaften moderner Führungskräfte …

Aufpassen muss der coachende Chef nur, dass aus seinem Klienten nicht ein Patient wird. Die Grenzen zwischen Coaching und Psychotherapie können fließend sein – nicht wenige Coaching-Methoden entstammen ja dem Instrumentenkoffer der Psychotherapie –, und es wird potenziell gefährlich, wenn ein psychotherapeutischer Laie an Problemen rührt, die pathologischer Natur sind.

Vor- und Nachteile des Konzepts „coachende Führungskraft"

Das größte Problem für coachende Führungskräfte besteht darin, dass die verschiedenen Rollen (hier der formal Vorgesetzte, dort der unterstützende Coach) in einen Konflikt zueinander geraten können (Hinkelmann und Enzweiler 2018, S. 84). Coaching kann immer nur auf Augenhöhe erfolgen. Coaching bedeutet, dem Coachee Raum zu geben, um Lösungen zu entwickeln, die für den Coachee richtig und wichtig sind – auch wenn sie den Unternehmenszielen, die die Führungskraft vor Augen hat, auf dem ersten Blick widersprechen mögen.

Die Philosophie ist: Einem Unternehmen geht es nur dann gut, wenn es auch seinen Mitarbeitern gut geht. Wer das als Führungskraft prinzipiell nicht akzeptierten will und wer lateraler Führung auch sonst die kalte Schulter zeigt, sollte die Finger vom Coaching lassen. Andersherum: Wem es in seinem Führungsverhalten ohnehin schon wichtig ist, für eine vertrauensvolle, wertschätzende Atmosphäre zu sorgen, wer den Mitarbeiter als kompetenten Wertschöpfer in den Mittelpunkt seines unternehmerischen Denkens stellt, der möge den nächsten Schritt tun und coachen: Einzelpersonen ebenso wie ganze Teams.

Anders als externe Coaches, die man sich für mehr oder weniger viel Geld ins Haus holen kann, bringt der Chef naturgemäß eine Menge Feldkompetenz mit. Einerseits mag ihm dann die Distanz fehlen, um vor lauter Wald die Bäume zu entdecken; andererseits kennt er den Coachee, dessen Aufgaben, Kollegen und das weitere Umfeld sehr gut und kann daraus viel Verständnis entwickeln.

Jeder ist eine Führungskraft

Fassen wir also zusammen: Die Transformation von Führung, die konsequente Delegation von Macht und Verantwortung von oben nach unten, bis hin zu lateralen Führungsstilen ist eine Bedingung der Möglichkeit von digitaler Transformation und somit überlebenswichtig für viele Branchen. Wissensarbeiter von heute funktionieren nur in einem solchen modernen Umfeld.

Stellvertreter an den Nahtstellen zwischen oben und unten, zwischen (früherer) Macht und (früherer) Ohnmacht, sollten von den Führungs-Transformationsprozessen zuerst profitieren und dann, derart gestärkt, diese auch weiter vorantreiben und sich als gelernte kommunikativ-kooperative Mehr-oder-weniger-Führungskräfte gleichsam an die Spitze der Bewegung stellen. Sie sind prädestiniert für jegliche Führung ohne oder mit nur eingeschränkter Weisungsbefugnis: in abteilungsübergreifenden Projekten etwa, in der Diskussion mit Betriebsräten oder auch im Coaching der Mitarbeiter.

Die Herausforderungen im digitalen Zeitalter werden komplexer und unübersichtlicher; die sich daraus ergebenden Aufgaben sind nur schwer von vorneherein planbar. Gerade in größeren Unternehmen greift darum das Subsidiaritätsprinzip. Organisationstheoretisch bedeutet das, dass die Ebene der Regulierungskompetenz immer so niedrig wie möglich angesiedelt sein sollte, weg vom Zentralismus, weg vom Alleinherrschertum.[2]

Es geht um mehr Selbstbestimmung und Eigenverantwortung jedes einzelnen Mitglieds einer solchen Organisation, sodass am Ende jeder ein bisschen (mehr) Chef ist: der Stellvertreter ebenso wie alle nachfolgenden Mitarbeiter. Am Endpunkt der Transformation gibt es keine Nicht-Führungskraft mehr.

4.2   Das müssen Unternehmen beachten

Was müssen Unternehmen (sonst noch) beachten? Vor allem dies: Stellvertreter sind keine Privatangelegenheit der zu vertretenden Stelleninhaber. Stellvertreter sind Stellen-Vertreter, keine Stelleninhaber-Vertreter. Reinhard Höhn beschreibt das unmissverständlich so: „Die Qualifikation des Stellvertreters ist (…) nicht auf die Person des Stelleninhabers (ad personam), sondern auf die Anforderungen der Stelle zugeschnitten (ad rem). Der Stellvertreter müsse die Anforderungen erfüllen, „die man bei einer Neubesetzung der Stelle an die betreffende Kraft stellen würde" (1964, S. 40–41).

Das ist nur konsequent, denn schließlich ist es Höhn, der die Eins-zu-eins-Vertretung bei Abwesenheit des Stelleninhabers fordert. Dies wurde oben bereits

---

[2]Regionale Zeitungsverlage mit ihrem Kerngeschäft Lokaljournalismus haben aufgrund ihrer strukturellen Dezentralität in dieser Hinsicht einen Startvorteil, den sie nicht verspielen sollten.

skizziert (Abschn. 2.2). Wie radikal dieser Ansatz ist, zeigt sich vor allem in der folgenden Forderung Höhns (1964, S. 175):

> Wenn der Vertretungsfall eintritt und damit der Stellvertreter den Platz des Stelleninhabers einnimmt, so ist dieser nicht mehr Vorgesetzter des Vertreters. Das Vorgesetztenverhältnis ruht von diesem Augenblick an.

Es liegt auf der Hand, dass das ein aus Stellvertreter-Sicht zwar ebenso stringenter wie sympathischer, aber zugleich auch wenig pragmatischer, ja weltfremder Ansatz ist.

Etwas anderes ist wichtiger: Die hier angestellten Überlegungen führen zu einer für manche vielleicht etwas überraschenden Antwort auf die Frage, wer Stellvertreter eigentlich zu solchen ernennen sollte. Es sind die Vorgesetzten der zu vertretenden Stelleninhaber, nicht die Stelleninhaber selbst. Selbstverständlich kommt letzteren ein Vorschlags- und/oder Veto-Recht zu, schließlich sollen sie mit dem Stellvertreter eng zusammenarbeiten, am liebsten arbeitsteilig im Sinne idealer Stellvertretung. Außerdem weiß ein Stelleninhaber am besten, welche Anforderungen ein Stellvertreter erfüllen muss, um seinen Aufgabenbereich vertretungsweise wahrnehmen zu können.

Dass die Stelleninhaber trotzdem nicht freie Hand bei der Auswahl der Stellvertreter haben dürfen, begründet Höhn nicht ohne einen Anflug von Boshaftigkeit (1964, S. 48):

> Es ist ein Irrtum, grundsätzlich davon auszugehen, daß (sic!) der Stelleninhaber stets das größte Interesse daran habe, dass die Geschäfte in seinem Bereich so weitergeführt werden, wie dies bei seiner Anwesenheit der Fall war. Sein Interesse besteht im Gegenteil sehr oft gerade darin, daß (sic!) dies nicht geschieht und dadurch dem Vorgesetzten eindringlich vor Augen geführt wird, welche Bedeutung der Stelleninhaber für ihn besitzt.

Gilt das Anfang des 21. Jahrhunderts noch immer? Sicher ist das nicht mehr die Regel. Die Stellvertreter-Studie hat ja im Gegenteil gezeigt, dass viele Chefs durchaus viel moderner, aufgeklärter und auch selbstbewusster aufgestellt sind. Nur ein unsicherer, zweifelnder, ein schwacher Chef legt Wert auf einen schwachen Stellvertreter, der ihm nicht gefährlich werden kann, der bequem ist und von dem man nicht fürchten muss, dass er eines Tages die Säge auspackt.

Stellvertreter nicht aus den Augen verlieren – und aufwerten

Auch sonst sollte das Unternehmen die Stellvertreter nicht aus dem Blick verlieren. Der Stelleninhaber bleibt für dessen Chef zwar der erste Ansprechpartner.

Das bedeutet aber nicht, dass ein Stellvertreter bei Anwesenheit des Stellen-inhaber für den „Chef-Chef" nur noch Luft sein muss. Die Bereitschaft von Stelleninhabern, ihre Stellvertreter arbeitsteilig einzusetzen bis hin zum „Chef neben dem Chef", steigt und sinkt mit dem „Stellen-Wert" (!) der Stellvertreter im Unternehmen insgesamt.

Stellvertreter sollten vom Arbeitgeber daher wie Führungskräfte behandelt werden. Dazu gehört etwa eine überdurchschnittliche Entlohnung. Auch die anderen Insignien der Macht sollten passen. Je nach Hierarchieebene ein eigenes Büro, ein eigener Dienstwagen, eine eigene Assistenz – das sind auch Signale in die Belegschaft, die sehr genau wahrgenommen werden und die den Grad des Respekts beeinflussen, der Stellvertretern entgegengebracht wird.

Der perfekte Projektleiter: Innovator und Routine-Vertreter in einem

Geradezu perfekt, dies wurde oben schon wiederholt angedeutet, eignen sich Stellvertreter als Projektleiter (Abschn. 3.3 und 4.1). Gehen wir einmal vom Optimalfall aus, dann bringt ein Stellvertreter nicht nur die nötigen Führungs-qualitäten und -erfahrungen mit; er kennt sich auch mit lateraler Führung aus und weiß den Akkord aus Macht, Vertrauen und Verständigung bestens zu spielen. Als Halb-Hierarch sorgt er so für den nötigen Spielraum der Fachleute im Projekt; gleichzeitig kann er, auch bedingt durch seine Nähe zum Chef, einmal (sanft) auf den Tisch hauen, wenn nötig.

Hilfreich ist die Mittel-Position des Stellvertreters auch aufgrund seiner im Verhältnis zum Chef regelmäßig größeren Nähe zum Operativen bzw. zu den Operativen. Einerseits will er die Innovation und verkörpert das auch dadurch, dass er an der Spitze eines Projekts steht; andererseits legt er allergrößten Wert darauf, dass später auch wirklich alles funktioniert und niemand Hirngespinste am grünen Tisch entwickelt.

Stefan Kühl beschreibt sehr schön das Spannungsverhältnis zwischen der „Logik der Innovatoren" und der „Logik der Routine-Vertreter" (2017, S. 55–56). Die Innovatoren – das sind oft die Top-Manager mit ihren kurz laufenden Ver-trägen, die den schnellen Erfolg wollen, die auf Wandel setzen und genau dafür belohnt werden und andere belohnen. Routinen sind ihr natürlicher Feind, Routine-Vertreter im Zweifel Ewiggestrige. Dabei sorgen Routine-Vertreter für Prozess- und Produktionssicherheit, für jene Stabilität also, die Unternehmen (und damit auch deren Top-Management) kurz- und mittelfristig die Erlöse sichert.

Ein Übergewicht der Innovatoren in Veränderungsprozessen sorgt für im Zweifel kostspielige Planungsruinen; ein Übergewicht der Routine-Vertreter dagegen kann auf Kosten des Tempos gehen. Stellvertreter sind Innovatoren und Routine-Vertreter in einem. Sie geben in den Projekten so viel Gas wie möglich und sorgen zugleich für die notwendige Erdung.

4.3   Das müssen Chefs beachten

Wenn es mit dem Stellvertreter nicht klappt, dann kann ein Chef diesem durchaus eine Beratung, ein Training, ein Coaching zukommen lassen. Noch besser freilich wäre es, sich einmal an die eigene Nase zu fassen: Was kann ich als Chef tun, um für eine optimale, für alle Beteiligten fruchtbare und auskömmliche Chef-Stellvertreter- Beziehung zu sorgen? Ideale Stellvertretung lässt sich herstellen, wenn Chef und Stellvertreter können und wollen.

Der wichtigste Rat ist: frühzeitig ganz klar die Kompetenzen zu klären und dann konsequent an den Vize abzuspielen. Ideale Stellvertretung benötigt Raum. Raumfüllende Persönlichkeiten als Stelleninhaber erdrücken ihre Stellvertreter. Muss das also sein: der Anruf aus dem Urlaub, die Mail vom Krankenbett, die Stimme aus dem „Off"? Chefs, die nicht loslassen können, machen nicht nur ihren Stellvertreter klein; sie wirken auch unsouverän.

Natürlich kann es auch andersherum laufen: der Stellvertreter kann unabhängig davon, ob er es darauf anlegt, zu stark werden, sodass informelle Spielräume aus den formalen Handlungsrahmen herausbrechen wie etwa bei der „Grauen Eminenz" oder beim „Libero" (Abschn. 2.3). Dann muss sich der Chef fragen, ob er vielleicht zu abgehoben ist und/oder nicht detailverliebt bzw. operativ genug, ob er genug Ausdauer mitbringt und die Fähigkeit, Dinge zu Ende zu denken und zu bringen. Sofern er seinem Stellvertreter nicht vertraut, muss er die Situation freilich grundlegend ändern; dann muss einer gehen: der Stellvertreter oder er selbst.

Verschiedene Melodien auf derselben Wellenlänge
Wählt ein Chef seinen Stellvertreter (mit) aus, dann sollte er darauf achten, dass sie beide auf derselben Wellenlänge funken – aber bitte nicht dieselbe Melodie pfeifen. Beide sollten komplimentär zueinander sein, der eine die Defizite des anderen kompensieren (Krohn 2011). Daraus könnte dann gleich auch ein Geschäftsverteilungsplan erwachsen: Wer kann was am besten?

Was kann das für ein kraftvolles Führungsduo sein, wenn es sich zudem stets gut abspricht, wenn das berühmte Blatt Papier nicht zwischen ihnen passt! Der Chef soll alles wissen, aber er muss nicht alles machen. So wird der Vize zum engsten Vertrauten und zur rechten Hand.

4.4   Das müssen Stellvertreter beachten

Und die Stellvertreter, um die es hier geht? Sie müssen sich vor allem um sich selbst kümmern. Stellvertretung ist kein Zuckerschlecken, per se keine bequeme Nische, von der aus einem dann die Welt der Führung offen steht. Alle zerren an einem; im Zweifel zerreißt man sich selbst.

Wer gefragt wird, ob er Stellvertreter werden will, soll sich also klarmachen, was da auf ihn zukommt. Will man das? Kann man das? Und wohin soll das führen? Auf den Chefposten? Nicht immer gelingt der Fahrstuhl- oder Kaminaufstieg. Nicht selten ist es sogar unüblich, dass der Stellvertreter seinen Chef beerbt, weil manche Unternehmen Wert darauf legen, dass ein neuer Chef von außen kommt, mit anderen Ideen und frischem Wind. Dann gelingt ein Aufstieg nur als „Nestflüchter". Das aber ist in der Regel mit einem Unternehmens-, vielfach auch mit einem Ortswechsel verbunden. Nicht immer passt das zur jeweiligen persönlichen Situation.

Aber auch ein Aufstieg als „Nesthocker", also in der eigenen Abteilung, im eigenen Bereich, ist nicht unproblematisch. Kann ich das: heute Kollege sein, morgen Chef? Man kennt seine Pappenheimer, weiß, worauf man sich einlässt. Aber entwickelt man die notwendige Distanz zu den Mitarbeitern? Schon im ersten Schritt, bei der Beförderung zum Stellvertreter aus dem Team heraus, stellt sich die Frage, ob man sich als neuer Halb-Hierarch den notwendigen Respekt erarbeiten kann (Sauer 2016, S. 27). Es liegt auf der Hand, dass gerade neue bzw. angehende Stellvertreter eine passgenaue Weiterbildung brauchen, am besten ein ausgewiesenes Stellvertreter-Coaching.

Wie ist der Chef drauf?
Wie erfolgreich Stellvertretung sein kann, hängt natürlich auch und vor allem von dem zu vertretenden Stelleninhaber ab. Die Gefahr, nur ein besserer Assistent des Chefs zu sein, ist je nach Chef sehr real. Ist dieser ein autoritärer Knochen mit direktivem Führungsstil? Die Wahrscheinlichkeit, dann ein guter und wirkungsmächtiger Stellvertreter zu werden, ist gering. Lässt sich ein Chef dagegen darauf ein, Kompetenzen abzugeben und in einem Geschäftsverteilungsplan verbindlich zu regeln? Führt er auch sonst eher delegativ, konsensual, kooperativ sowie moderierend und orchestrierend (Abschn. 4.1)? Passt es zudem schlicht fachlich und auch menschlich gut zwischen Chef und potenziellem Vize? Dann auf ins Abenteuer!

Übrigens ist ein Geschäftsverteilungsplan umso wichtiger, wenn es mehrere Stellvertreter gibt. Agieren diese zueinander auf Augenhöhe oder gibt es eine Rangfolge? Wer ist wofür zuständig, in Anwesenheit des Chefs, mehr noch aber dann, wenn der Chef abwesend ist? Bleibt das ungeklärt, birgt das den Keim von Reibungen und Streit. Schlimmstenfalls führt dies zu einem zeitweisen Versagen der Führungsebene – oder es bilden sich informelle Strukturen heraus.

Weder Neben- noch Übergangsjob
Stellvertretung ist kein „Nebenjob". Und schon gar nicht ist es ein „Übergangsjob". Stellvertretung kann eine Sprungbrett-Position sein. Aber erstens kann das dauern, durchaus auch bis zum Sankt-Nimmerleins-Tag. Und zweitens ist es völlig in Ordnung und es kann sich sogar richtig gut anfühlen, wenn man für sich entdeckt, der „geborene Stellvertreter" zu sein (Abschn. 2.1).

Wer sich etwa in den Tageszeitungsverlagen umsieht, der entdeckt stellvertretende Chefredakteure, die über Jahrzehnte diese Position bekleiden. Sie haben ihre Chefs kommen und gehen sehen und waren gewissermaßen die Felsen in der Brandung, das stabilisierende Element in der reißenden Flut der unentwegten, immer radikaleren, auch personellen, Veränderungen. Viele sind damit ganz zufrieden. Manche von ihnen, nicht die meisten, sind allerdings der Versuchung erlegen, zu Liberos oder grauen Eminenzen … – ja was: aufzusteigen? Abzusteigen? Zu mutieren?

Kritische Loyalität zum Chef
Stellvertreter „gehören" nicht den Stelleninhabern. Es geht nicht um blinde Gefolgschaft oder gar um Unterwerfung. Stellvertreter sollten zu ihren Chefs eine kritische Loyalität pflegen. Als Führungs-Duo, das sie bestenfalls sind, arbeiten Chefs und Stellvertreter eng und vertrauensvoll zusammen, ziehen an einem Strang. Der ideale Stellvertreter kann und sollte daher keine Äquidistanz zu Chef und Mitarbeitern pflegen; erst recht sollte er sich nicht in eine Oppositionsrolle zum Chef begeben.

Ein guter Stellvertreter kommuniziert mit seinem Chef selbstbewusst und auf Augenhöhe, äußert auch und gerade seine abweichende Meinung klar und deutlich, ist dabei – wo es sich lohnt – beharrlich und sogar streitfreudig, aber bitte immer hinter verschlossener Tür. Stellvertreter sind vor allem ideale Chef-Berater. Voraussetzung dafür sind Chefs, die das zulassen oder, noch besser, einfordern, Chefs, die sich nicht mit Ja-Sagern umgeben, sondern den kritischen Geist ihrer Mitarbeiter als befruchtend schätzen, für die Widerspruch nicht Majestätsbeleidigung ist, sondern eine hilfreiche Dienstleistung.

In den Stellvertreter-Kriegen zeigt sich, wie loyal der Chef ist

Chefs beeinflussen und bedingen den Grad der so verstandenen kritischen Loyalität dadurch, wie sehr sie ihre Stellvertreter ins Vertrauen ziehen und wie sehr sie auch dann zu ihnen stehen oder sie gar schützen, wenn es mal richtig heiß wird. Dies gilt vor allem für Situationen, in denen der Stellvertreter von Dritten angegriffen wird, die damit eigentlich den Chef treffen, eine direkte Konfrontation mit diesem aber vermeiden wollen. Gerade bei solchen „Stellvertreter-Kriegen" zeigt sich (hoffentlich), dass Loyalität keine Einbahnstraße ist.

Sofern Chefs älter und erfahrener sind, können sie auch sehr gute Lehrmeister sein. Je besser die Chefs ihren Job ausführen, desto mehr können die Stellvertreter von ihnen lernen und sollten die Situation auch nutzen. Kaum ein Vorgesetzter wird die Neben-Funktion als „Ziehvater" des Stellvertreters nicht auch ein wenig genießen und entsprechend gerne wahrnehmen.

Eingespielte Chef-Stellvertreter-Teams, die eine gemeinsame arbeitsteilige Führung praktizieren, die sich sehr gut kennen und gegenseitig optimal informieren, lassen nicht zu, dass Mitarbeiter einen Keil in sie hineintreiben. Gerade Stellvertreter laufen regelmäßig, zuweilen täglich, Gefahr, in die berühmt-berüchtigte „Der-Chef-hat-gesagt-Falle" zu tappen.

Beispiel

Schmidchen   möchte, dass Meyer linksherum marschiert; Meyer kontert, Schmid habe aber gesagt, er solle rechtsherum gehen. Jetzt kommt es darauf an, wie gut Schmid und Schmidchen miteinander harmonieren. Wenn Schmidchen seiner Sache sicher ist, kann er etwa antworten: „Ja, aber das hat Schmid unter anderen Bedingungen formuliert; jetzt soll es linksherum gehen." Ist er seiner Sache nicht sicher, muss er gegebenenfalls Rücksprache mit Schmid halten. Oder er gibt gleich ganz auf, und Meyer marschiert rechtsherum. Der wird dann immer wieder gerne aufs Neue die „Der-Chef-hat-gesagt-Falle" aufstellen und Schmidchen so Stück für Stück entmachten.

Sich in gemeinsamen Sitzungen den Ball zuspielen

Die Binse, dass Reden Silber und Schweigen Gold ist, gilt in besonderer Weise für Stellvertreter. In gemeinsamen Sitzungen mit dem Chef und Dritten soll der Stellvertreter durchaus herausgehoben agieren, ohne dem Chef allerdings die Show zu stehlen oder ihm in die Parade zu fahren. Ein schlauer Chef gibt seinem Stellvertreter Raum, sich zu profilieren; im besten Fall spielen sich die beiden gegenseitig den Ball zu, ergänzen sich und dürfen sich gerne auch einmal, wenn es nicht inflationär wird, gegenseitig widersprechen. Sie zeigen dann, dass sie ein lebendiges Duo sind. Der Stellvertreter demonstriert selbstbewusstes, eigenständiges Auftreten, und der Chef, der Widerspruch zulässt und fördert, zeigt Toleranz, Souveränität und Kritikfähigkeit.

Maß und Mitte prägen das Dasein des Stellvertreters – das ist das Gegenteil von „Mittelmaß". An der richtigen Stelle rein-, an der richtigen rausgehen, die Zügel anziehen, dann wieder locker lassen: Das erfordert Pragmatismus und Fingerspitzengefühl. Stellvertreter sollten ehrgeizig und stolz auf das sein, was sie erreicht haben. Aber Stellvertreter sollten auch nicht zu eitel sein. Wenn der Stelleninhaber im Urlaub ist und der Geschäftsführer ruft an und sagt: „Na, Schmidtchen, halten Sie die Stellung?" – dann ist das vermutlich nett gemeint und kein Grund, gleich irritiert zu sein.

Oder etwa doch?

Schluss 5

Ein Stellvertreter strahlet wie ein König, bis ihm ein König naht, und dann ergießt sein Prunk sich wie vom innern Land ein Bach ins große Bett der Wasser.

So heißt es, angemessen dramatisch, in William Shakespeares „Der Kaufmann von Venedig". Sofern dieses Buch einen kleinen Beitrag dazu geleistet hat, ein derartiges Unglück hier und dort zu verhindern, wäre eine Menge gewonnen. Das Thema Stellvertretung hat jedenfalls mehr Aufmerksamkeit verdient – nicht aus Mitleid mit irgendwelchen Vernachlässigten, sondern wegen des großen Potenzials für alle Unternehmen und sonstigen Institutionen, in denen Stellvertreter wirken.

Im Fazit zur Konrektoren-Studie II von 2010 wird konstatiert, dass die Berufsgruppe der Stellvertreter an den untersuchten Schulen „sowohl in der Forschung als auch im Schulalltag weniger im Schatten stünden als zum Zeitpunkt der ersten Untersuchung acht Jahre zuvor" (2011, S. 32). Es sei eine „positive Entwicklung in Richtung Relevanz, Professionalisierung und Wertschätzung zu erkennen". Vornehm zurück halten sich die Autoren freilich bei der Frage, woher dieser Trend kommt. Handelt es sich hier um „normale" gesellschaftliche Modernisierung? Oder hat die erste Schul-Untersuchung 2002 vielleicht selbst eine entsprechende Wirkung entfaltet? Womöglich stimmt beides.

Ich würde jedenfalls „strahlen wie ein König", wenn auch meine Stellvertreter-Befragung und die hier angestellten Überlegungen einen ähnlichen zu unterstellenden Trend verstärken würden.

Es gibt sie, die idealen Stellvertreter. Und es werden mehr.

© Springer Fachmedien Wiesbaden GmbH, ein Teil von Springer Nature 2020
A. Marinos, *Der ideale Stellvertreter,* essentials,
https://doi.org/10.1007/978-3-658-30696-0_5

Was Sie aus diesem *essential* mitnehmen können

- In den Paradoxien von Stellvertretung stecken jede Menge spannende Chancen
- Stellvertretung wird erst dann wirkungsvoll, wenn der Chef dauerhaft Kompetenzen abgibt
- Weil Stellvertreter grundsätzlich eher lateral führen, sind sie die geborenen Change-Manager
- In idealer Stellvertretung steckt der Schlüssel zu moderner Führung insgesamt
- In der Praxis zeigt sich: Ideale Stellvertretung ist machbar, aber es gibt noch viel Luft nach oben

© Springer Fachmedien Wiesbaden GmbH, ein Teil von Springer Nature 2020   45
A. Marinos, *Der ideale Stellvertreter,* essentials,
https://doi.org/10.1007/978-3-658-30696-0

Literatur

Asselmeyer, H., Steitz-Kallenbach, J., Waßmann, T. (2018). *Stellvertretung werden – Stellvertretung sein.* Stuttgart: Raabe.

Atteslander, P. (1993). *Methoden der empirischen Sozialforschung.* Berlin: de Gruyter.

Brosius, H., Haas, A., Koschel, F. (2016). *Methoden der empirischen Kommunikationsforschung.* Wiesbaden: Springer VS.

Chott, P., Bodensteiner, P. (2011). *Konrektoren-Studie II.* München: Hanns-Seidel-Stiftung.

Franck, S. (1541). *Sprichwörter/Schöne Weisen/Herrliche Clugreden und Hoffsprüch.* Frankfurt a .M.: Egenolff.

Gebhardt, B., Hofmann, J., Roehl, H. (2015). *Zukunftsfähige Führung. Die Gestaltung von Führungskompetenzen und -systemen.* Gütersloh: Bertelsmann-Stiftung.

Gloger, A. (2013). Das Ende des Vorgesetzten. Führung 2020. *Management Seminare,* 183, 24-30.

Hinkelmann, R., Enzweiler, T. (2018). *Coaching als Führungsinstrument. Neue Leadership-Konzepte für das digitale Zeitalter.* Wiesbaden: Springer Gabler. https://doi.org/10.1007/978-3-658-19245-7_6.

Höhn, R. (1964). *Die Stellvertretung im Betrieb.* Bad Harzburg: Verlag für Wissenschaft, Wirtschaft und Technik.

Klein, S. (2016). *50 Praxistools für Trainer, Berater, Coaches. Überblick, Anwendungen, Kombinationen.* Offenbach: Gabal.

Krejci, G. (2017). Die Stellvertretung. https://www.zoe-online.org/meldungen/die-stellvertretung. Zugegriffen: 28. April 2020.

Krohn, P. (2011). „Harry, hol schon mal den Wagen". https://www.faz.net/aktuell/karriere-hochschule/buero-co/der-stellvertreter-harry-hol-schon-mal-den-wagen-1639626/seppo-11118058.html. Zugegriffen: 28. April 2020.

Kühl, S. (2017). *Laterales Führen.* Wiesbaden: Springer VS.

Mayring, P. (2015). *Qualitative Inhaltsanalyse. Grundlagen und Techniken.* Weinheim und Basel: Beltz.

Mohr, R. (2017): Abwesenheitsvertreter?!. BMV Bundesverwehrverwaltung, Heft 3, 49–54.

Münch, E. (1999). Neue Führungsperspektiven in der Schulleitung. Kooperation zwischen Schulleiter und Stellvertreter. Neuwied: Luchterhand.

© Springer Fachmedien Wiesbaden GmbH, ein Teil von Springer Nature 2020
A. Marinos, *Der ideale Stellvertreter,* essentials,
https://doi.org/10.1007/978-3-658-30696-0

Sauer, C. (2016). *Der Stellvertreter. Erfolgreich führen aus der zweiten Reihe.* München: Hanser.

Udem, J. (o. J.). Redensarten-Index. https://www.redensarten-index.de/suche.php?suchbegriff =Schmidtchen%20gehen%20sondern%20Schmidt&bool=relevanz&suchspalte[]=rart_ ou&suchspalte[]=bsp_ou. Zugegriffen: 17. März 2020.

Ulrich, H. (1961). Chef-Probleme in Zeiten der Personalknappheit. *Betriebswirtschaftliche Mitteilungen* 18.

Vogel, M. (2013). Management des Ungefähren: Zur außer-ordentlichen Position von Stellvertretern in Organisationen. In V. Vogel (Hrsg.), *Organisation außer Wandel* (S. 127– 145). Göttingen: Vandenhoeck & Ruprecht.